W0206681

UN TEMPS POUR

la méditation

Conception graphique : Alice Leroy

ISBN : 978-2-0812-1114-8
N° d'édition : L.01EPMN000227.N001
Dépôt légal : mai 2008
www.editions.flammarion.com

Carl de Miranda
Illustrations de Sonia Dalle

UN TEMPS POUR
la méditation

Flammarion

Sommaire

Introduction

Vous en avez sans doute entendu parler, peut-être y avez-vous vous-même déjà goûté. La méditation est aujourd'hui un mot connu de tous, mais dont la signification reste souvent mystérieuse. Ce livre vous propose de découvrir de façon concrète, directe, ce qu'est la méditation et ce qu'elle peut vous apporter. Il s'agit d'une pratique accessible à tous, à tout âge, quelles que soient les circonstances de votre vie. Tout Occidental inséré dans notre société contemporaine est parfaitement qualifié pour entamer cette pratique et il ne s'agit donc pas d'une pratique réservée à quelques ascètes retirés du monde.

Alors, de quoi s'agit-il ?

Avant de découvrir en quoi consiste la méditation, il va d'abord nous falloir comprendre à quel besoin elle répond, quelle est notre situation actuelle et en quoi elle aurait besoin d'être améliorée. Seule une personne qui a vraiment envie de planter un clou sera réellement intéressée par un marteau. Ainsi, il va nous falloir d'abord prendre un peu de recul et contempler notre vie moderne. C'est à partir de ce constat que la méditation va prendre tout son sens.

Dans ce livre, il vous sera proposé une vision complète de la méditation, étape par étape, depuis la toute première découverte jusqu'aux profondes réalisations. Bien sûr, ce livre ne saurait décrire toutes les différentes pratiques de méditation existantes, mais il décrit un ensemble complet, cohérent, logique, que l'on pourra plus ou moins retrouver dans les différentes voies ou traditions spirituelles et religieuses. Précisons à ce titre que l'ouvrage s'adresse aussi bien au novice qu'à une personne déjà engagée dans un cheminement. Cette dernière pourra en effet trouver ici des éclairages complémentaires et compatibles avec sa voie.

Ce livre ouvert dans vos mains est une porte ouverte vers une grande aventure. Être en paix, Être profondément heureux, vivre pleinement l'instant présent, ne plus avoir peur, ne plus être stressé, Être détendu, Être à l'aise avec les autres et avec soi-même, Être aussi vivant que possible, Aimer du fond du Cœur, voici ce sur quoi débouche une pratique aboutie de la méditation. Il ne s'agit pas d'un programme publicitaire, mais de la vérité qu'ont pu vérifier tant et tant de méditants. Si vous entamez la pratique, vous constaterez une progression, et peu à peu votre vie s'imprégnera des qualités que l'on vient d'évoquer. Si la vie du méditant vient à changer, c'est parce que le méditant lui-même se découvre petit à petit, et de grandes révélations l'attendent dans ce domaine. Il se pourrait bien que celui qui achève de lire ce livre en sache un peu plus sur qui il est vraiment, sur son identité véritable.

De temps à autre, vous trouverez dans ce livre des illustrations ou des phrases en exergue. Celles-ci vous invitent à un temps de pause, de contemplation. Autant le texte principal se veut immédiatement compréhensible, simple et clair, autant ces passages nous invitent à un autre rythme, un autre mode de perception, plus intuitif.

Prenez votre temps pour lire ce livre. Le contenu est dense et aborde un domaine souvent nouveau pour vous. Ce livre ne peut donc être lu comme un roman, en étant pressé de connaître la suite. Il faut intégrer, pas à pas, les différentes étapes. Chaque étage doit être solidement construit avant d'entamer l'édification du suivant. Parfois, une page vous suffira pour la journée et ce sera très bien ainsi. Dès que vous sentez que vous avez fait le plein d'informations, posez-vous et prenez le temps d'intégrer, de digérer ce que vous venez de lire.

Et maintenant, allons-y.

Le tourbillon
du monde moderne

L'accélération scientifique et technologique

Nous pouvons voir et entendre quasi instantanément une personne située à l'autre bout de la terre. Nous pouvons avoir accès quasi instantanément à presque toutes les informations écrites, sonores ou visuelles enregistrées sur terre via l'Internet. La nuit, nous appuyons sur un bouton et une pièce s'éclaire. Un autre bouton et la pièce se chauffe. En quelques heures, nous pouvons nous déplacer d'un bout du monde à l'autre, en volant qui plus est. Si nous pensons à quelqu'un que l'on connaît, il est possible de lui parler dans les dix secondes qui suivent, en l'appelant sur son téléphone portable. De temps en temps, nous envoyons des hommes marcher sur la Lune.

Il y a seulement quelques siècles, si quelqu'un avait affirmé que ces différentes choses étaient possibles, il aurait sans doute été considéré comme un fou dangereux. Aujourd'hui, notre quotidien est imprégné d'une quantité de technologies sophistiquées dont le niveau n'a jamais été ne serait-ce qu'imaginé dans l'histoire connue de l'humanité.

Tout va très vite, tout évolue très vite, le grand-père ne comprend plus vraiment le monde dans lequel évolue son petit-fils. Entre le petit citadin d'une mégalopole occidentale, qui envoie des e-mails à 4 ans, et le petit Indien de la forêt amazonienne profonde, bercé par le rythme du jour et de la nuit, le fossé se creuse.

Un rythme frénétique

Au quotidien, nous réalisons mille et une tâches, toujours plus rapidement. Dans une même journée, nous pouvons à la fois parcourir 100 km en voiture, travailler, faire des courses d'alimentation, préparer trois repas, manger trois repas, laver le linge à la machine, laver la vaisselle à la machine, ranger et nettoyer notre habitation, parler au téléphone avec des amis, envoyer des courriers électroniques à dix personnes différentes, acheter des vêtements, faire les devoirs avec les enfants, les emmener au sport puis aller les chercher, lire un magazine, regarder la télévision, préparer les vacances sur Internet et plein d'autres choses encore...

Vu d'ailleurs

L'anecdote suivante est édifiante : un Indien habitant dans l'Inde profonde avait pour certaines raisons eu l'opportunité d'être invité à Paris. Après avoir atterri à l'aéroport, il avait pris le train régional pour arriver au cœur de la ville. Sortant de la bouche de métro, il s'est affolé, pensant qu'un cataclysme ou une guerre venait d'éclater et que tout le monde courait aux abris, que lui aussi devait aller s'abriter. Peu après, il réalisa qu'il s'agissait d'un moment tout à fait normal en ville, et que les gens se pressaient naturellement.

Ce rythme frénétique dans lequel nous vivons est un profond révélateur de notre mode de fonctionnement personnel et de notre façon de voir la vie.

Après quoi court-on ?

Si l'on court ainsi, c'est que l'on cherche à obtenir quelque chose, à réaliser des désirs que l'on porte en nous. Et si l'on court si vite, c'est parce qu'on est convaincu que réaliser ses désirs conduira au bonheur.

La quête du bonheur

Voilà la règle implicite selon laquelle nous fonctionnons : « Pour être heureux, il faut réaliser les désirs que l'on porte en nous. » Dans notre monde moderne, la science et les technologies permettent donc de réaliser des désirs que nous portons en nous. Toujours plus vite, toujours plus, pour réaliser le plus de désirs possible et le plus rapidement possible.

Si la règle « pour être heureux, il faut réaliser les désirs que nous portons en nous » était vraie, les Occidentaux seraient les hommes et les femmes les plus heureux du monde. Si vous avez voyagé dans certains pays du tiers-monde, vous avez sans doute croisé les regards de femmes, d'hommes et d'enfants qui, bien que n'ayant rien au sens occidental du terme, dégageaient une joie de vivre, un bonheur de vivre. Ces gens-là ne réalisent que très peu de désirs et pourtant ils semblent aussi heureux que nous, si ce n'est plus.

Un certain nombre de scientifiques occidentaux ont mis au point des questionnaires pour évaluer le bonheur de différentes populations, dans différentes sociétés sur notre planète. Il en ressort qu'une fois qu'une personne peut manger à sa faim et que sa vie n'est pas directement menacée par des violences ou une guerre, le niveau de bonheur est à peu près le même, que l'on soit dans un pays riche ou dans un pays pauvre, dans un pays occidental ou dans un pays dit en voie de développement. Ceci remet donc en question notre règle d'or concernant le lien entre le bonheur et la réalisation des désirs.

Une course folle

À bien y regarder, nous pouvons aisément constater par nous-mêmes que cette règle ne tient pas debout. C'est vrai, lorsque nous réalisons un désir, nous sommes heureux. Le problème, c'est que cela ne dure pas, et quelques minutes après la réalisation de notre désir, nous sommes à nouveau animés par un autre désir. Cherchant à réaliser ce nouveau désir pour être enfin heureux, nous nous mettons dans un état de tension et quittons notre état heureux. C'est inévitable, nous le constatons, et pourtant nous continuons à fonctionner ainsi, croyant toujours que bientôt, une fois ce désir réalisé, nous serons enfin heureux. Et voilà comment nous participons à cette course folle. Accumulant les désirs et les efforts pour les réaliser, nous vivons dans un état de tension quasi permanent, de stress, ce qui peut aboutir exactement au contraire de ce que nous recherchons au départ, à la souffrance.

Pour l'instant, l'objectif est d'observer ensemble notre mode de fonctionnement, de voir comment nous courons après notre bonheur sans l'atteindre réellement, comme un mirage d'eau dans le désert qui recule quand on cherche à l'approcher. L'heure n'est pas aux conclusions hâtives du style « alors il vaut mieux ne pas avoir de désirs », l'heure n'est pas non plus encore à l'établissement de stratégies intelligentes pour parvenir à être heureux, l'heure est au constat.

Et le fait est que nous ne trouvons pas la porte de sortie du mécanisme consistant à nous vouer corps et âme à nos désirs en quête du bonheur, et que nous injectons toujours plus de notre énergie pour réaliser les désirs qui nous passent par la tête. Nous avons d'ailleurs développé un formidable outil permettant de faciliter la réalisation des désirs : la pensée.

Le développement de la pensée

Pour réaliser nos désirs et nous orienter habilement dans un environnement complexe, il nous faut un outil personnel nous permettant de comprendre le monde, de le décoder, de l'organiser, de le simplifier. Ce formidable outil s'appelle la pensée.

La pensée : image virtuelle du monde

Nous vivons au quotidien avec elle, mais nous n'avons jamais réellement pris le temps de comprendre ce qu'est la pensée et comment elle fonctionne. Une bonne compréhension sur ce sujet va constituer une base solide pour aborder la méditation. Rassemblons donc notre attention, prenons notre temps pour bien comprendre, à notre rythme. Allons-y.

La pensée permet de créer dans notre tête une modélisation du monde, une image virtuelle du monde nous permettant d'y fonctionner habilement.

Approfondissons ensemble ce point. Supposons qu'au moment où je sors de chez moi pour aller faire une course, la pensée suivante me vienne en tête : « Ma voiture est garée devant la boulangerie. » Au sein de l'environnement infiniment complexe qui m'entoure, cette pensée simple me permet de gérer habilement mon trajet à pied pour retrouver ma voiture.

La pensée est venue créer dans ma tête une image virtuelle reflétant une partie du monde dans lequel je vis. Il s'agit bien d'une image virtuelle dans ma tête et pas de la réalité. En effet, « ma voiture est garée devant la boulangerie » est une hypothèse formulée à partir des informations que je connais, mais il se peut très bien qu'entre-temps, ma voiture ait été enlevée par la fourrière ou volée par exemple. Ainsi, la pensée crée une image virtuelle simplifiée du monde. C'est un peu comme si la pensée permettait de créer une carte du monde.

Comme toute carte, même la plus précise possible, cette carte n'est qu'une image, une représentation du territoire qu'elle décrit et non le territoire lui-même.

Je réfléchis

Les mots que nous utilisons sont parfois très instructifs. Lorsque nous disons par exemple « je réfléchis », observons que nous utilisons le même mot que pour décrire l'action d'un miroir : « Un miroir réfléchit ce qu'il y a devant lui. » Ainsi, lorsque nous réfléchissons, nous sommes en réalité en train de créer une image du monde dans notre tête, nous reflétons le monde, nous le réfléchissons, un peu comme un miroir qui crée une image virtuelle mais non réelle de ce qu'il y a devant lui.

Poursuivons encore. Lorsque nous pensons en utilisant des mots, ceux-ci sont en réalité des étiquettes désignant des éléments du monde. « Je mange des carottes » est un assemblage de mots, d'étiquettes qui font chacun référence à un élément du monde. « Carotte » désigne le légume correspondant, mais le mot en soi n'est qu'une étiquette, une représentation virtuelle dans notre tête.

De même, si je pense à l'image d'une carotte, je crée dans ma tête une représentation virtuelle du légume réel.

Ainsi, la pensée crée une image simplifiée et virtuelle du monde dans notre tête. Prenez bien le temps de saisir la portée de ce point.

EXERCICES

- *À votre manière, enregistrez bien l'idée que la pensée crée un monde parallèle au monde réel, un monde virtuel qui ressemble au monde réel, mais qui n'en est qu'une représentation plus ou moins précise, plus ou moins probable.*

- *Penser au passé ou à l'avenir permet d'apprendre, de préparer, d'organiser. Néanmoins, le passé et l'avenir existent-ils ailleurs que dans notre pensée ?*

Vérifiez bien qu'il s'agit de deux éléments tout à fait virtuels, non réels, qui ne sont que des représentations plus ou moins précises, et plus ou moins probables en ce qui concerne l'avenir. La réalité n'est-elle pas toujours maintenant ?

C'est grâce à cette image simplifiée et virtuelle du monde que nous allons pouvoir chercher à réaliser nos désirs. Si je veux quelque chose, pour l'obtenir je vais réfléchir à comment je peux l'obtenir puis agir en conséquence.

Supposons par exemple que je veux voir tel film au cinéma, alors je me mets à réfléchir spontanément afin de réaliser ce désir : il faut que je trouve dans quelle salle passe ce film, à quelle heure il passe, si je peux me libérer pour cet horaire et autres détails. Supposons que je veux aller voir dix films différents cette semaine, alors il va me falloir penser encore plus, organiser dans ma tête, évaluer des options, faire des choix.

Ainsi, plus nous avons de désirs, plus nous allons devoir penser pour les réaliser. En vérité, les pensées qui nous viennent en tête sont alimentées par tous nos désirs.

Beaucoup de désirs, beaucoup de pensées

Dans un monde où la règle d'or est « être heureux consiste à réaliser nos désirs », il n'est pas étonnant que nous pensions de plus en plus. Nous voulons beaucoup, toujours plus, et nous pensons beaucoup, toujours plus en conséquence.

Nous voulons bénéficier de tout le confort moderne, avoir une famille et des enfants, une vie sociale, voyager, avoir des loisirs, un travail intéressant, une santé à toute épreuve... et pour obtenir cela, il nous faut mettre en place beaucoup de pensées, il nous faut fonctionner comme un superordinateur cherchant toujours à obtenir ce que nous voulons. Gérer les assurances, les banques, les vaccins, la plomberie, les factures, l'alimentation, l'organisation des voyages, les cartes grises des véhicules, les machines à laver, les vêtements, etc. Toute cette incroyable complexité de notre vie moderne va nécessiter de penser beaucoup.

À mesure que nous grandissons en âge, de l'enfance à l'adolescence puis à l'âge adulte, la pensée va donc remplir de plus en plus de tâches et prendre de plus en plus d'importance dans notre vie. Sans que nous nous en rendions réellement compte, vient un moment où la pensée se met à fonctionner en permanence.

Une immense différence existe donc entre ce qui se passe dans la tête d'un Occidental vivant dans le monde moderne, et ce qui se passe dans la tête d'un Indien de l'Amazonie profonde. Pour l'Indien, les pensées viennent goutte à goutte tandis que l'Occidental vit dans un torrent de pensées.

Trop de pensées

Un tel usage de la pensée doit nécessairement s'accompagner d'une certaine maîtrise de cet outil qu'est la pensée. Malheureusement pour nous autres Occidentaux, nous ne recevons aucune éducation concernant le fonctionnement de la pensée, et celle-ci, qui est surstimulée, se met à dérailler.

Certes, la pensée fonctionne suffisamment pour nous permettre de vivre à peu près correctement notre vie moderne, en tout cas pour la plupart d'entre nous, mais son fonctionnement permanent est en réalité consacré en grande partie à des pensées parasites, inutiles. Nous ressassons, nous ruminons des pensées, nous imaginons toutes sortes de scénarios... Si certaines pensées se révèlent donc réellement utiles, beaucoup d'autres ne le sont pas et nous parasitent.

Nous sommes presque tous aujourd'hui familiarisés avec les ordinateurs. Vous avez certainement constaté qu'un ordinateur neuf fonctionne vite et bien, à la hauteur de ses capacités, tandis qu'un ordinateur chargé de nombreux programmes installés en lui se met à fonctionner de plus en plus lentement, de plus en plus longuement, jusqu'à aboutir parfois à la panne, au bug. Sans un entretien approprié, l'ordinateur devient en réalité parasité. Il en va de même pour notre pensée.

Nous reviendrons plus tard sur cette distinction entre le mode de fonctionnement adapté et utile de la pensée et le mode de fonctionnement parasite. Toujours est-il que notre pensée se met à fonctionner toute seule en permanence, et en grande partie inutilement.

Ainsi, sans une éducation permettant de maîtriser les pensées, l'Occidental est voué à se trouver englouti par le torrent de pensées qui le submerge à chaque instant. Ce qui au départ est un outil nous permettant de réaliser nos désirs dans le monde est devenu un torrent incontrôlable qui nous submerge jour et nuit.

Le fleuve dompté éclaire les maisons et nourrit les cultures, le fleuve rugissant inonde les villages.

À retenir... À retenir...

La pensée crée une représentation virtuelle du monde, plus ou moins probable et plus ou moins précise.

Sans maîtrise, une surstimulation de la pensée aboutit à un mode de fonctionnement permanent et parasite de la pensée.

Les désirs créent des pensées visant à réaliser ces désirs.

Le règne de la pensée

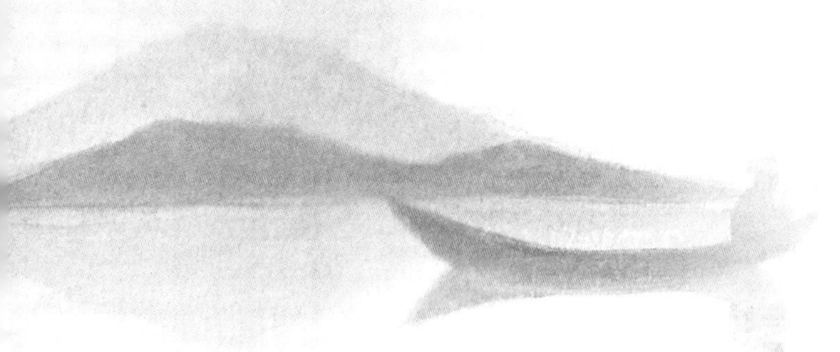

Le torrent des pensées

La pensée est un outil, elle devrait donc être au service du maître que nous sommes. Elle devrait se mettre en route pour remplir sa fonction, puis s'éteindre lorsque nous le souhaitons. Très bien, d'accord. Alors puisque nous sommes les maîtres, livrons-nous ensemble au petit exercice suivant : arrêtons de penser pendant une minute.

Tout Occidental novice dans cet exercice arrive en général à la conclusion suivante : cet exercice est impossible, puis d'enchaîner : les pensées sont inarrêtables. En effet, ce simple exercice nous fait prendre conscience que nous ne sommes pas les maîtres en nous, la pensée s'impose à nous.

Un torrent incontrôlable

La réalité est la suivante : les pensées s'enchaînent sur un rythme rapide et incessant et nous sommes esclaves de cette situation. Notre attention est constamment accaparée par nos pensées, sans même que nous nous en rendions compte. « Il faut que je pense à payer cette facture, mais je risque d'être à découvert, il faut que je vire de l'argent sur mon compte, mais est-ce qu'on aura assez d'argent pour partir en vacances, je n'ai pas envie de me retrouver avec tout le monde dans le sud de la France cet été, il faut que je convainque mon conjoint de partir à l'étranger, mais il est fatigué par son travail en ce moment, etc. » Toute la journée, ce processus implacable suit son cours.

En vous promenant sur les trottoirs des grandes villes, vous y verrez ce somnambulisme généralisé, chacun étant plongé dans ses pensées.

En observant un peu plus attentivement, nous découvrons même que nous n'avons que très peu de contrôle sur le contenu des pensées, celles-ci s'enchaînent mécaniquement sans nous demander notre avis. La plupart du temps, et sauf concentration volontaire sur un sujet donné, nous n'avons pas le choix du contenu qui s'impose à nous. Bien qu'éveillés, nous vivons dans une sorte de sommeil, de torpeur, comme dans un rêve dont le contenu s'impose à nous, notre attention étant constamment hypnotisée par l'enchaînement des pensées.

Des pensées omniprésentes

La pensée règne ainsi sur nos vies et vient se surimposer sur tout ce que nous vivons. Au restaurant, si nous goûtons un nouveau plat, nous nous mettons tout de suite à commenter, à penser : « Cela me rappelle ce plat que j'avais mangé chez un tel, j'aurais bien fait cuire un peu plus, etc. »
Si nous contemplons une œuvre d'art, la pensée embraye : « Ah, j'aime bien les impressionnistes, il faudrait que je mette une reproduction dans mon salon, mais il faudra que je demande l'avis à ma femme, etc. » Si l'on essaye de ressentir une partie de notre corps, on se met rapidement à penser à cette partie du corps puis à digresser vers d'autres sujets.
Si nous voyons une belle fleur : « Ah, qu'elle est belle, cela fait longtemps que je n'en ai pas vu de si jolie, comment s'appelle-t-elle, il faut que je m'en souvienne, etc. »

Tout ce qui est de l'ordre du contact direct avec la vie est immédiatement récupéré par la pensée et disparaît de notre champ de perception pour laisser place à des pensées qui commentent ce qui se passe.

Nous vivons notre vie à travers la pensée. Elle s'impose à nous en permanence et commente notre vie sans nous permettre de la vivre directement, réellement.

Continuons ensemble à découvrir comment se déroule la vie sous la dictature de la pensée.

Celui qui porte un gant touche-t-il vraiment ?

À retenir...

La pensée fonctionne toute seule, quasiment en permanence. Sans entraînement, nous ne pouvons pas l'arrêter.

La plupart du temps, le contenu des pensées s'impose à nous.

Notre attention est hypnotisée par nos pensées.

La pensée omniprésente nous prive du contact direct avec la vie.

Confondre la pensée et la réalité objective

« Le Soleil tourne autour de la Terre », voilà ce qu'ont cru les hommes pendant des siècles. Lorsque nous pensons le monde, nous le représentons de façon virtuelle. Nécessairement, cette représentation ne peut pas refléter exactement le monde. Parfois, nos pensées donnent une représentation complètement fausse du monde, comme dans l'exemple du Soleil qui tourne autour de la Terre.

Parfois, nos pensées donnent une représentation plus ou moins probable du monde : « Ma voiture est devant la boulangerie » ; sauf événement peu probable, ma voiture devrait effectivement être garée devant la boulangerie, mais ce n'est pas certain. « Mon train part à 8 h 35 », cette pensée reflète probablement la réalité à venir, mais il est bien possible qu'il y ait du retard.

Gardons toujours en tête que nos pensées reflètent plus ou moins bien la réalité et qu'elles peuvent se tromper.

L'erreur

Une grave erreur consiste à confondre ce que nous pensons avec la réalité. Nous passons nos journées et nos vies à penser, et de façon insidieuse, nous nous mettons à croire que nos pensées représentent fidèlement le monde, que nos pensées disent la vérité.

Commençons par découvrir ensemble que cette erreur est bien plus fréquente qu'il n'y paraît. Bien sûr, vous connaissez sans doute toutes sortes de croyances passées auxquelles beaucoup croyaient dur comme fer et qui se sont révélées tout à fait fausses en réalité : le Soleil tourne autour de la Terre, l'homme ne peut pas s'envoler dans le ciel, il est impossible qu'un homme se déplace à plus de cent kilomètres par heure, etc. Découvrons maintenant, à travers quelques exemples, comment se glisse si discrètement dans notre quotidien l'erreur classique

« ce que je pense est la vérité », ou encore dit autrement, « ce que je pense décrit fidèlement la réalité » :

– « Mais c'est pas possible ! »

Si nous arrivons devant la boulangerie et que notre voiture n'est pas là, comme nous le pensions, nous nous exclamons : « Mais c'est pas possible ! » Nous faisons une telle confiance à nos pensées que notre premier réflexe est de nier la réalité si celle-ci ne correspond pas à ce que disent nos pensées.

– « Les choux de Bruxelles, ce n'est pas bon. »

Une pensée nettement plus juste serait : « Je n'aime pas les choux de Bruxelles mais d'autres pourraient aimer, chacun ses goûts. »

– « Cette personne n'est pas belle. » Une pensée plus juste serait : « Cette personne ne me séduit pas par son physique. »

– « L'astrologie, c'est n'importe quoi. » Une pensée plus juste serait : « Le peu que je connais de cette discipline ne permet pas de savoir si elle est authentique ou non, seul un examen approfondi de cette discipline me permettrait d'avoir un avis plus solide. »

– « Les hindous sont perdus dans le polythéisme, adorant toutes sortes de dieux. » Une pensée plus juste serait : « Le peu que je connais de la religion hindoue me laisse à penser qu'ils adorent plusieurs dieux, mais seul un examen approfondi me permettrait d'en savoir plus. »

– « L'euro, cette monnaie n'a pas fait du bien au pays. »

Une pensée plus juste serait : « Je ne connais pas grand-chose à l'économie, mais avec le peu d'informations que j'ai, il me semble que le pouvoir d'achat ne se soit pas amélioré depuis l'euro, peut-être y a-t-il d'autres raisons à cela, il faudrait étudier le sujet pour se faire un avis plus solide. »

Bien évidemment, vous trouvez cela évident, mais si vous êtes vigilant, vous découvrirez dans votre quotidien que de temps à autre, vous pouvez aussi être victime de cette illusion qui consiste à croire que ce que l'on pense est absolument vrai.

Un jugement trop rapide

Dans votre quotidien, en étant attentif, vous pourrez surprendre les erreurs de la pensée qui sont plus nombreuses qu'on ne le suppose. Par exemple, vous roulez dans votre voiture, et vous voyez dans votre rétroviseur une voiture qui double les autres voitures en se faufilant rapidement, la pensée vous vient : « voilà un fou du volant » ; quand la voiture passe à votre niveau et vous double, vous découvrez sur le siège passager une femme enceinte en train de souffler et sur le point d'accoucher. Alors, fou du volant ou non ?

Vivre dans sa bulle

Bien que la pensée ne soit qu'une représentation probable et imprécise de la réalité, nous fonctionnons comme si notre pensée disait la vérité. Nous vivons alors dans un monde virtuel, personnel, qui comporte nécessairement un certain nombre de décalages avec la réalité.

Notre façon de voir le monde peut différer considérablement d'un individu à un autre, chacun vivant dans son monde virtuel : l'un est toujours optimiste, l'autre toujours pessimiste, l'un pense qu'il faut être riche pour être heureux, l'autre pense qu'avoir plus d'argent que les autres est égoïste, l'un pense que seul un chrétien est sur la voie juste, l'autre pense que seul un musulman est sur la bonne voie, etc. Lorsque chacun est dans sa bulle, il devient plus difficile de comprendre l'autre et de vivre harmonieusement ensemble.

En apparence, nous fonctionnons à peu près correctement, nous arrivons à subvenir à nos besoins et à vivre en société. Mais dès qu'on regarde avec un peu plus d'attention, on constate que le déphasage entre ce que nous pensons et la réalité a pour conséquence de nous faire fonctionner de travers.

Celui qui pense que tous les patrons sont des voleurs ratera sans doute des opportunités.
Celui qui pense qu'on ne peut pas faire confiance aux autres ratera de belles aventures humaines et de beaux projets.
Celle qui pense que les hommes sont forcément infidèles et lâches risque de faire fuir certains hommes fiables.
Etc. Ainsi ce déphasage entrave un épanouissement harmonieux de notre vie.

Qui plus est, en faisant une confiance aveugle à la pensée, en oubliant qu'elle n'est qu'une représentation plus ou moins probable, plus ou moins précise de la réalité, nous risquons fort d'avoir de grandes surprises et parfois de grandes désillusions lorsque la réalité viendra nous rappeler que c'est elle qui est bel et bien réelle.

EXERCICE

Trouvez trois opinions ou jugements qui sont les vôtres et dont vous êtes a priori *convaincu, et essayez de voir s'ils sont absolument vrais ou s'ils constituent un point de vue personnel, subjectif. Quelques pistes : la politique, la religion, les peuples étrangers, les femmes, les hommes, la sexualité...*

Pour que la pensée reflète le plus fidèlement possible le monde objectif, il faut passer peu à peu de l'opinion et du jugement personnel au constat, à l'observation de ce qui est tel que c'est. « Cessez de chérir des opinions » est une formule énoncée par tant de sages depuis des siècles, des millénaires. Entendons-nous bien, il ne s'agit pas de ne plus être capable de faire des choix, d'émettre un avis, il s'agit de cesser de prendre pour absolument vraies certaines pensées qui ne sont pas fondées sur une observation objective du monde, mais sur une interprétation personnelle.

Sans cet effort pour adhérer à la réalité telle qu'elle est, nous nous perdons dans notre monde personnel, distinct et séparé du monde réel, distinct et séparé des autres.

À retenir... À retenir...

Confondre
ce que l'on pense
et la réalité conduit à vivre
dans un monde virtuel, une bulle
personnelle, en déphasage
avec le monde réel.

Être séparé des autres et du monde

Nous l'avons vu, donner trop d'importance à nos opinions et à nos croyances personnelles nous maintient dans une bulle qui nous sépare de la réalité telle qu'elle est et qui nous sépare des autres qui pensent différemment de nous. Mais, bien au-delà de cela, le simple fait de passer sa vie à penser nous déconnecte du monde et des autres.

Perdus dans nos pensées

Si vous vivez en couple, vous avez certainement fait cette expérience où l'un des deux n'entend pas l'autre parce qu'il est en train de penser : « Désolé chérie, j'étais en train de penser à un truc, qu'est-ce que tu disais ? » Lorsque nous pensons, notre attention n'est pas disponible pour le monde environnant. On dit d'ailleurs de quelqu'un qui est en train de penser qu'il est « absent », qu'il est « ailleurs », en bref, il n'est pas présent ici et maintenant.

Si nous marchons dans la rue, en train de penser, nous n'aurons sans doute pas vu les gens que nous croisons, la forme des nuages, l'architecture des bâtiments, les arbres, et toutes sortes de détails de la vie. Lorsque nous entrons en relation avec un autre, si nous sommes en train de penser, nous serons beaucoup moins à même de percevoir l'autre, de le comprendre, de le sentir, la rencontre devient celle de deux torrents de pensées et plus celle de deux Êtres.

Ainsi, le fait d'être perdu dans nos pensées réduit considérablement notre sensibilité, et la richesse de notre contact avec le monde et les autres. Nous nous sentons de plus en plus isolés, de plus en plus seuls, perdus dans nos pensées.

Déconnectés du monde environnant

En perdant le contact avec les autres et le monde, nous jetons les bases de rapports disharmonieux avec notre monde environnant. La façon dont nous exploitons de façon déraisonnable notre planète est symptomatique de notre incapacité à entrer en relation harmonieuse avec notre environnement. Notre abondance de désirs est en lien direct avec la surexploitation de la planète. Ne suivant plus que nos désirs et les pensées qui en découlent, nous sommes incapables d'entrer dans une relation consciente avec notre environnement, c'est-à-dire une relation qui prenne réellement en compte ce que sont notre environnement et ses besoins.

En conséquence, nous nous révélons incapables de gérer le patrimoine qui nous a été transmis par nos ancêtres et nous mettons en danger l'environnement dans lequel vivront nos enfants.

Perchés dans notre tête, dans nos pensées, nous ne percevons plus correctement le monde environnant et nous nous en sentons séparés. Le torrent continu des pensées qui coule dans notre tête crée un voile de séparation entre nous et le monde, qui nous fait nous ressentir profondément déconnectés du monde environnant. Nous nous percevons chacun comme un visiteur, un étranger visitant notre planète, petit élément isolé au milieu d'un univers fondamentalement différent de nous. Ce profond sentiment de solitude qui en découle est bien connu en Occident. Moi d'un côté, le monde de l'autre. Nous avons oublié que Moi fait partie du monde.

L'arbre appartient-il au fruit ou le fruit appartient-il à l'arbre ?

À retenir… À retenir…

Perdus dans nos pensées,
nous perdons
le contact avec les autres,
avec le monde.

Perdus
dans nos pensées,
nous nous
sentons seuls.

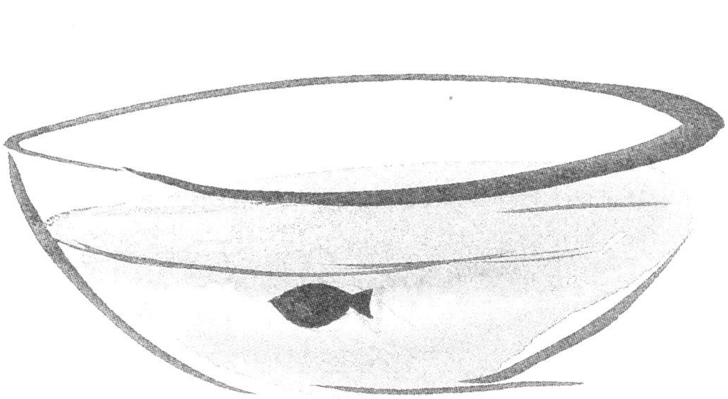

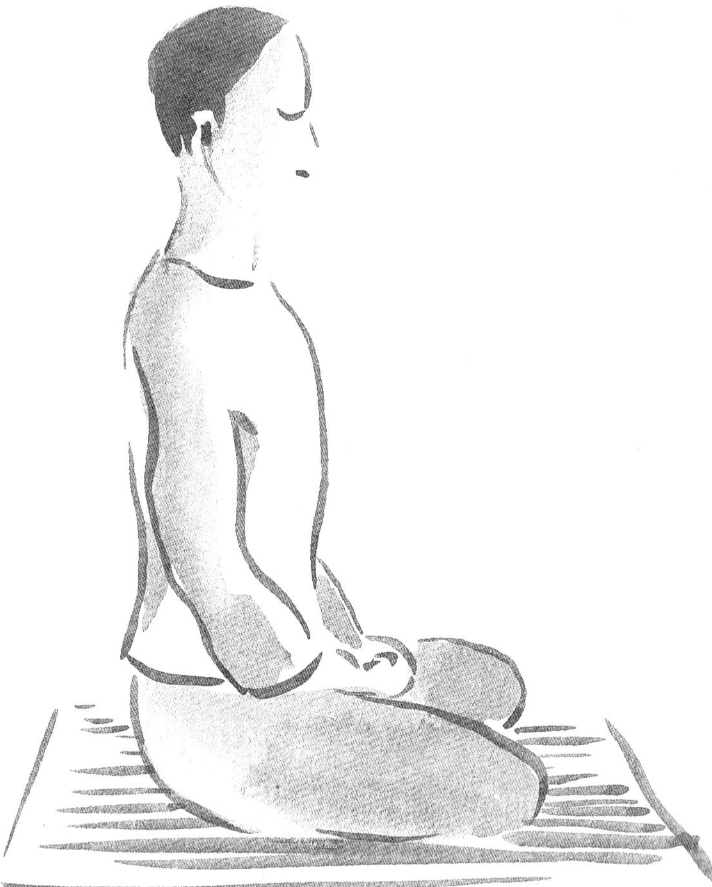

Être séparé de soi

Séparés du monde, séparés des autres, nous avons également perdu le contact avec nous-mêmes.

La partie immergée de l'iceberg

Hypnotisés par nos pensées, nous ne sommes pas disponibles pour entrer en contact avec les autres parties de notre Être. Notre attention est comme aimantée par nos pensées, elle ne peut donc être à même d'observer les autres phénomènes qui se passent en nous. Nos sensations physiques, le ressenti de nos émotions sont considérablement amoindris et parfois quasiment supprimés tant le fait de penser en permanence prédomine.

Or, le fait est que la pensée ne constitue que la partie émergée de l'iceberg que nous sommes, la profondeur de notre Être étant bien plus vaste que la surface. Cette profondeur à laquelle nous pouvons accéder en libérant notre attention des pensées est une terre devenue inconnue pour beaucoup d'entre nous.

Pourtant, ce territoire et ses différentes composantes, toujours plus profondes, plus subtiles, constituent la base de notre Être. L'oublier, c'est perdre nos racines, c'est se sentir déconnecté de l'Existence, de la Vie. En perdant le contact avec la vie en nous, nous perdons le contact avec la Vie tout court.

Redécouvrir la profondeur de notre Être

Étant séparés de nous-mêmes, n'ayant plus accès à ce qui constitue l'essentiel de notre Être, nous ne nous comprenons même plus. Certains ont des phobies, d'autres se sentent constamment déprimés, ou culpabilisent pour un rien, ou sabotent tout ce qu'ils entreprennent, ou sont angoissés, etc. On en vient à se demander ce qui ne va pas en nous. Pour qui cherche une solution réelle à ce genre de dysfonctionnement, il apparaît vite évident que les pensées ne sont qu'un phénomène de surface conditionné par d'autres éléments plus profonds de notre Être, et que c'est en allant vers cette profondeur que se trouvent les solutions. Fonctionner harmonieusement nécessite donc de pouvoir accéder à cette profondeur de notre Être.

D'autres trésors attendent celui qui a décidé de redécouvrir la profondeur de son Être. Dans la religion chrétienne, qui a longtemps régné sur le monde occidental, on parle du corps, de l'âme et de l'esprit. Toutes les religions et toutes les voies spirituelles ont toujours dit que l'Être ne se limitait pas au corps, mais que d'autres niveaux de profondeur existent. L'âme et l'Esprit, ou, dit autrement, ce qui constitue la profondeur de notre Être, ont disparu de la pensée standardisée occidentale. Celle-ci ne nous considère plus que comme un corps physique. Partant de là, de grandes révélations attendent le chercheur de vérité.

C'est en nous-mêmes que se trouve le lien qui nous unit à la vie, à l'Existence, c'est en nous-mêmes que nous pouvons trouver qui nous sommes réellement. Tant que nous nous sentons séparés de la vie en nous, nous nous sentons profondément creux, profondément seuls.

L'iceberg flotte seul, il a oublié qu'il est fait d'eau.

Perdus dans nos pensées, nous ne sommes plus en contact avec la profondeur de notre Être.

À retenir... À retenir...

Pour nous épanouir, pour nous comprendre, pour retrouver le lien qui nous unit à l'Existence, il faut redécouvrir notre profondeur.

La souffrance

Tant de richesses matérielles sont à notre disposition et pourtant nous ne sommes pas particulièrement heureux. Beaucoup n'arrivent pas à trouver le bonheur en vivant la vie proposée en Occident. Anxiolytiques et antidépresseurs sont consommés quotidiennement par un grand nombre d'entre nous, et bien d'autres vivent à moitié minés par un malaise chronique.

La pauvreté intérieure

Si nous sommes effectivement riches matériellement, nous sommes à l'opposé particulièrement pauvres intérieurement. Comme nous l'avons vu ensemble, la prédominance de la pensée dans nos vies engendre un cortège de conséquences que nous rappelons ici :

• Nous vivons dans un monde virtuel, dans une bulle personnelle.
• Ce décalage entre monde virtuel personnel et monde réel nous fait vivre et fonctionner de façon inadaptée.
• Nous nous sentons profondément séparés des autres et du monde environnant.
• Nous avons perdu notre sensibilité, notre qualité d'écoute à l'égard des autres et du monde, mais aussi notre sensibilité intérieure.
• Nous sommes devenus étrangers à nous-mêmes, nous ne nous comprenons plus, nous ne ressentons plus les niveaux plus profonds de notre être.
• Nous avons perdu la connexion profonde avec la Vie, avec l'Existence. La dimension spirituelle de l'Existence, qui révèle l'homme comme bien plus qu'un simple corps physique, a disparu de notre quotidien, de nos vies.
• Ainsi déconnectés de la vie, nous en venons à penser que la vie n'a pas de sens.
• Disharmonie, séparation, isolement.

Qui peut être réellement heureux lorsque de tels déséquilibres pèsent sur nos vies ?

Au départ, la pensée est un outil permettant de réaliser nos désirs, d'organiser le monde et de gérer nos actions pour parvenir à atteindre ce qui nous attire.

Au final, elle devient une tornade incontrôlable nous ramenant au rang d'esclave d'un processus mécanique défilant en permanence dans notre tête, avec le cortège funèbre de conséquences évoquées ci-dessus.

Où est l'erreur ?

Nous commettons en réalité deux erreurs.
L'une de ces deux erreurs est que nous sommes incapables de maîtriser l'outil de la pensée. Maîtriser un outil, c'est savoir s'en servir, c'est pouvoir s'en servir quand c'est utile ou le laisser au repos quand c'est inutile, c'est bien comprendre son fonctionnement, ses limites, son entretien.

L'autre erreur est notre incapacité à gérer et à hiérarchiser les désirs qui sont en nous. Croire que nous atteindrons le bonheur en cherchant à réaliser les désirs qui nous passent par la tête, sans les distinguer les uns des autres, sans les hiérarchiser, est une erreur. En réalité, si nous nous révélons incapables de maîtriser nos pensées, c'est parce qu'en premier lieu nous sommes esclaves de la foule confuse de désirs qui s'agitent en nous. Nos pensées compulsives naissent de nos désirs compulsifs.

Le monde occidental se caractérise notamment par une grande liberté dans nos vies, les sociétés traditionnelles ayant toujours présenté un cadre plus structuré. Cette liberté d'action qui, au départ, peut sembler un avantage, peut se révéler dangereuse si une connaissance profonde ne l'accompagne pas.

Si je me laisse aller à un désir compulsif de manger, je deviendrai obèse et je peux même en mourir. Si je quitte ma famille pour vivre une aventure amoureuse passagère, je mets en danger l'équilibre personnel des membres de ma famille. Si je passe mon temps au casino, donnant libre cours à mon désir compulsif de jouer, je peux mettre en danger d'autres parties de ma vie...

Nous sommes d'accord, tous les désirs ne se valent pas.
Seule une structure personnelle solide, alliant connaissance intérieure et aptitude à gérer ses désirs, permet de donner à chacun d'entre eux sa juste place.

Quand la société se révèle incapable de transmettre cette structure personnelle, il nous appartient de nous éduquer, de développer cette aptitude intérieure, et d'acquérir une connaissance de soi et de la vie adéquate.

Ayant acquis cette structure intérieure, nous sommes à même d'orienter consciemment notre vie et de nous concentrer sur les désirs prioritaires, faisant fonctionner harmonieusement la pensée au service de ces désirs.

Vers le Bonheur

Nous préparons ainsi les bases d'une vie équilibrée et harmonieuse. À mesure que l'équilibre revient dans nos vies, nous redécouvrons peu à peu le chemin vers le bonheur. Un bonheur qui vient d'une profondeur éclairée et plus d'une surface agitée.

Alors, nous réalisons progressivement que notre véritable bonheur se trouve encore au-delà des désirs, de leur réalisation ou de leur non-réalisation. Non pas sans désir, mais libres du désir. Notre Être ayant retrouvé son assise profonde, il jouit de la vie, et les désirs apparaissent à leur tour comme des phénomènes jouant à la surface et dont la réalisation ou l'abandon laisse la profondeur de l'Être imperturbable, heureuse. Dans ces conditions, la pensée redevient le gentil serviteur de désirs harmonieux.

Un véritable bonheur, profond et durable, basé sur une connaissance et un épanouissement profonds de l'Être que nous sommes, ce véritable bonheur est possible. Certes, il nous apparaît au départ comme étant situé sur une autre rive, celle sur laquelle nous sommes étant encore dominée par la dictature de la pensée. N'ayons pas de crainte, cet océan qui nous sépare de l'autre rive est navigable et des millions d'âmes l'ont sillonné avec succès. Si nous le souhaitons, nous pouvons nous aussi atteindre l'autre rive.

Alors que nous parlons ensemble, une brise légère s'est mise à souffler et vous avez déjà quitté le port. Fixons donc le cap à suivre.

À retenir... À retenir...

Deux erreurs conduisent à la Dictature de la pensée dans notre vie.

L'une est l'incapacité à maîtriser l'outil qu'est la pensée.

L'autre est l'incapacité à gérer, à connaître, à hiérarchiser nos désirs.

La méditation

Nous avons ensemble constaté la situation dans laquelle nous vivons. Découvrons maintenant la réponse apportée par la méditation.

Deux grands objectifs

Premièrement, libérer notre attention de nos pensées. En apprenant à nous libérer de l'enchaînement mécanique des pensées, nous allons diminuer l'emprise de la pensée sur notre existence et devenir disponibles et vigilants.

Deuxièmement, notre attention étant à nouveau disponible, nous allons pouvoir recontacter notre vie intérieure et la laisser s'épanouir. En allant à la rencontre de ce qui se passe en nous, à la découverte de nos désirs, de ce qui nous anime, de notre propre profondeur, nous allons peu à peu mieux nous connaître et dénouer des nœuds qui bloquent notre épanouissement. Nous serons alors à même d'aller de plus en plus profondément en nous vers les fondements de notre Être.

La science de l'observation intérieure

La méditation est donc un ensemble de pratiques visant d'abord à libérer notre attention de nos pensées pour ensuite observer et épanouir notre vie intérieure. Plus succinctement, et sans discerner ces deux étapes fondamentales, on peut décrire la méditation comme étant la science de la vigilance intérieure ou encore la science de l'observation intérieure.

Cette discipline, cette science, répond précisément aux déséquilibres que nous avons évoqués précédemment.

Se libérer de l'hypnose des pensées va nous permettre de dissoudre progressivement notre bulle personnelle et de retrouver un contact direct avec la réalité, avec les autres, avec soi-même. De la pensée omniprésente et parasite, nous allons revenir à une intelligence lucide et efficace. De notre fonctionnement personnel mécanique et souvent inadapté, nous allons revenir à un fonctionnement conscient et souple.

La méditation va redévelopper notre sensibilité à l'égard des autres, du monde et de nous-mêmes. De la séparation et de l'isolement, nous allons revenir à la communion puis à l'unité. La méditation va nous reconnecter avec la profondeur de l'Existence, avec notre propre profondeur. De l'illusion du monde matériel, nous allons plonger vers le cœur de la Vie, de l'Existence.

La méditation

De la confusion, la méditation ramène à l'harmonie.
De la séparation et de l'isolement, la méditation conduit à la communion et à l'unité.
De l'insensibilité à la réceptivité et à l'amour véritable.
D'une vie somnolente à une vie consciente et pleine.
De l'illusion à la connaissance.
De la souffrance à la paix.

Vous connaissez maintenant la perspective dans laquelle s'inscrit la méditation, depuis notre situation actuelle en direction de ces profondes transformations. Le cap est fixé, il est maintenant temps de découvrir la pratique.

À retenir... À retenir...

La Méditation
a deux objectifs
principaux.

D'abord,
Libérer notre attention
des pensées.

Ensuite, Observer,
Connaître et Épanouir
notre Vie Intérieure.

Première étape
La Concentration

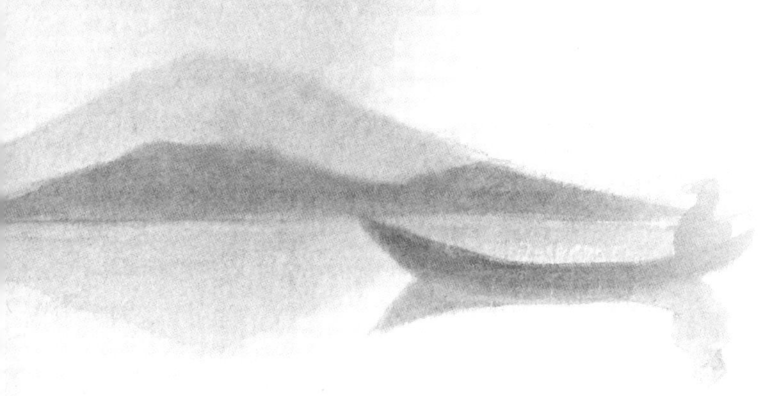

Initiation à la Concentration

La première méthode fondamentale de méditation, celle qui consiste à libérer l'attention des pensées, s'appelle la Concentration.

Fixez votre attention

Le principe est relativement simple, l'objectif est de fixer notre attention sur autre chose que les pensées, de façon à rompre leur enchaînement mécanique et permanent. Nous allons donc définir un support sur lequel l'attention va se concentrer. Si nous sommes capables de maintenir notre attention fixée sur ce support, celle-ci ne pourra pas se trouver accaparée par les pensées.
En exerçant cette pratique, nous réapprivoisons notre attention, nous l'éduquons, nous en redevenons maîtres.

Prenons un temps pour redécouvrir d'abord ce qu'est notre attention. Vous avez cette liberté de diriger votre attention, votre capacité d'observation, vers telle ou telle partie de votre champ de perception. Vous pouvez par exemple décider d'écouter certains sons, ou bien sentir les sensations dans votre jambe, ou bien encore concentrer votre attention sur le toucher de votre index, etc.
En concentrant votre attention sur un objet précis, vous observez cet objet, qu'il s'agisse d'un son, d'une forme visuelle, d'une odeur, d'une sensation dans le corps, etc. Alors que notre champ de perception est relativement large, comprenant toutes sortes de sensations et d'objets d'observation, notre attention se trouve focalisée uniquement sur nos pensées. En regagnant la maîtrise de notre attention, nous nous libérerons des pensées.

La respiration comme point d'ancrage

Maintenant, nous allons définir ensemble un support propice pour la Concentration. Depuis toujours, la respiration constitue un support adapté à la pratique de la Concentration. La respiration est toujours présente et le va-et-vient de l'inspire et de l'expire offre un rythme, un mouvement, facilitant la Concentration. Il nous faut ensuite choisir un endroit du corps où nous serons à même de suivre, de sentir le va-et-vient de la respiration. Bien souvent, le léger mouvement du ventre, à l'inspire et à l'expire, permet de bien sentir le rythme de la respiration. Parfois, certaines personnes trouvent plus facile de sentir le mouvement de l'air passant à travers leurs narines. Souvenons-nous, le point essentiel est de ressentir de façon directe, sensitive, le va-et-vient continu de la respiration.

EXERCICE

Asseyez-vous confortablement, sans être avachi, et sans être trop droit non plus. Fermez les yeux, puis essayez de sentir le mouvement de la respiration au niveau de votre ventre.

Si la sensation ne vient pas immédiatement, prenez votre temps jusqu'à ce que des sensations apparaissent. Il s'agit simplement de trouver un point d'ancrage pour votre attention.

Si vous n'êtes pas à l'aise avec les sensations au niveau du ventre, cherchez à ressentir le passage de l'air au niveau des narines. Constatez que la respiration fonctionne toute seule, qu'elle n'a pas besoin de votre intervention pour fonctionner.

Vous avez maintenant établi un point d'ancrage pour votre attention, il s'agit d'une sensation que vous pouvez essayer de retrouver à tout moment. Nous supposerons dans la suite du livre que ce point d'ancrage est la sensation liée à la respiration au niveau du ventre. Libre à vous d'adapter si vous avez un autre point d'ancrage, le processus de la Concentration reste tout à fait identique.

Lorsque votre attention vient se poser sur votre respiration, vous ne devez pas chercher à modifier ou à contrôler le rythme de la respiration. Il s'agit d'un processus naturel sur lequel vient se fixer notre attention. Il ne s'agit en aucun cas d'un exercice de respiration comme on peut en trouver dans le yoga ou dans des relaxations. Si la respiration est rapide, c'est parfait comme cela. Si elle est lente et profonde, c'est aussi parfait comme cela. L'essentiel est que vous suiviez la sensation liée au va-et-vient de la respiration, quel que soit le rythme de celle-ci.

Trouvez une bonne posture

Nous allons nous préparer pour notre premier exercice. Trouvez un endroit calme chez vous. Si vous savez vous asseoir en tailleur et que cette position est confortable pour vous, vous pouvez vous asseoir ainsi, en choisissant un coussin qui vous convient.

Vous pouvez tout aussi bien vous asseoir sur une chaise, les pieds au sol. L'assise doit être confortable, c'est-à-dire qu'elle ne doit pas poser problème, sans être avachie ni trop raide. Le dos doit être relativement droit. Le menton ne doit pas pointer en l'air de façon que la nuque se trouve bien dans le prolongement du haut du dos.

Si vous êtes sur une chaise, les fesses ne doivent pas être situées plus bas que les genoux, vous pouvez donc placer un coussin sur la chaise si besoin est.

Posez vos mains sur vos cuisses ou bien joignez-les ensemble l'une sur l'autre, paumes vers le haut, devant le bas-ventre. Une fois installé, fermez les yeux, relâchez-vous physiquement, détendez-vous tout en maintenant votre posture.

Rappelez-vous que l'essentiel ici est de trouver une posture confortable, qui ne vous dérange pas, tout en suivant les quelques lignes directrices ci-dessus. La posture n'est pas ici essentielle, elle doit surtout permettre de rester immobile physiquement pendant quelque temps, tout en restant éveillé.

Vous avez choisi votre assise, trouvez maintenant un petit réveil ou, encore mieux, un minuteur que vous pouvez régler facilement.

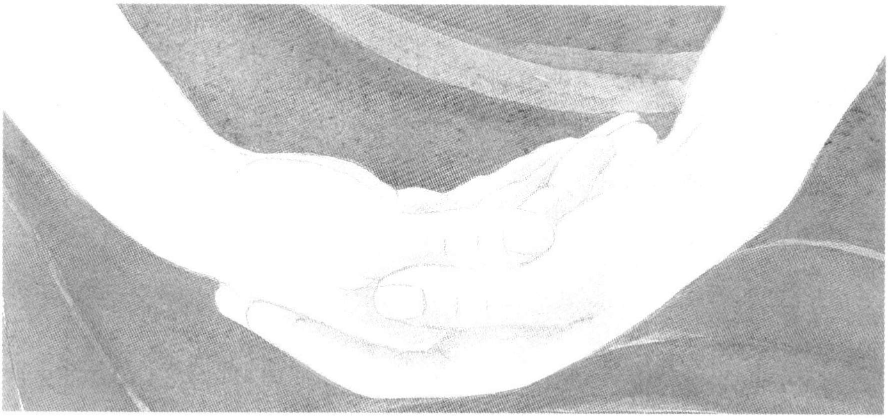

Votre première méditation

EXERCICE

Commençons tranquillement. Cette méditation va durer 2 minutes. Réglez votre minuteur pour sonner 2 minutes après que vous l'avez déclenché.
Installez-vous confortablement dans la posture que vous avez choisie et essayez de ne plus bouger le corps.

Le but de cette première méditation est de suivre le va-et-vient de la respiration pendant 2 minutes, c'est-à-dire que votre attention doit rester accrochée à la sensation liée à la respiration pendant 2 minutes.
Déclenchez le minuteur, fermez les yeux et suivez la respiration.

Le minuteur a sonné. Très probablement, comme 99,9 % des personnes découvrant la méditation, vous avez décroché à un moment ou un autre des 2 minutes et vous vous êtes laissé emporter par une série de quelques pensées, peut-être même que la sonnerie du minuteur vous a surpris en pleine rêverie sur votre soirée à venir ou sur votre journée passée. Rassurez-vous, sans entraînement, c'est tout à fait normal, classique. En vérité, cet exercice a surtout pour but de nous faire prendre conscience que nous ne sommes pas en mesure de maintenir notre attention au contact de notre respiration pendant ne serait-ce que 2 minutes et que nous sommes systématiquement ramenés vers nos pensées, que nous le voulions ou non. Nous ne sommes pas libres en nous, nous ne sommes pas les maîtres, mais plutôt esclaves de nos pensées dont nous ne pouvons échapper, ne serait-ce que pour 2 minutes.

Fort de ce constat, préparons-nous au second exercice, qui marque le début de la reconquête de notre attention.

À la reconquête de votre attention

EXERCICE

Réglez le minuteur sur 2 minutes. Installez-vous confortablement dans votre posture.

L'objectif, comme dans l'exercice précédent, est de suivre votre respiration pendant la durée de l'exercice. Néanmoins, comme nous l'avons constaté précédemment, il est fort probable que nous décrochions vers les pensées lors de l'exercice.

Si cela survient, pas de problème, nous le constatons dès que nous en prenons conscience et nous ramenons notre attention vers la respiration en quittant notre rêverie.

Si cela survient 10 fois en 2 minutes, pas de problème, à chaque fois, dès la prise de conscience, nous raccrochons l'attention à la sensation liée à la respiration, tout en quittant notre rêverie.

Si vous n'avez pas réussi à décrocher de votre rêverie une seule fois et que seul le minuteur est venu vous réveiller de votre rêverie, pas de problème, recommencez l'exercice en vous motivant.

Félicitations, au moins une fois dans l'exercice, vous avez réussi à décrocher de votre rêverie pour ramener votre attention vers votre respiration. Ce simple geste intérieur qui consiste à décrocher des pensées pour ramener votre attention vers le fil de la respiration est d'une importance capitale. La dictature des pensées a perdu sa première bataille. Peut-être pour la première fois de votre vie, vous avez repris votre attention en main, vous avez prouvé par cet acte votre volonté de cesser de subir la dictature des pensées, vous avez commencé à regagner votre liberté en réalisant ce tout premier geste intérieur. C'est un moment spécial, vous êtes né en tant que méditant.

EXERCICE

Reprenez l'exercice précédent, sur 2 minutes également.

Une précision supplémentaire : lorsque vous vous surprenez en pleine rêverie et que vous ramenez votre attention vers la respiration, soyez indulgent avec vous-même. Décrocher vers les pensées est inévitable en début de pratique. Ne soyez donc pas trop dur avec vous-même. Constatez le décrochement et ramenez gentiment votre attention vers votre respiration. À chaque fois que vous ramenez ainsi votre attention vers votre respiration, vous progressez, c'est mathématique, inévitable. Contentez-vous de réaliser votre exercice, sans vous juger, sans attendre de résultats particuliers, sans vous comparer aux autres, la vie se chargera de vous confirmer que vous progressez, en temps voulu.

Laissez passer vos pensées

Notons bien le point suivant : le but de la Concentration n'est pas de ne pas penser, de ne pas avoir de pensées. Le but de l'exercice est de suivre le fil de la respiration. Ne cherchez surtout pas à détruire ou supprimer les pensées. Si une pensée survient, mais que vous arrivez à maintenir votre attention au contact de votre respiration, alors c'est parfait ainsi. Laissez cette pensée venir puis partir. Ne vous mêlez pas avec elle. À mesure que votre pratique va s'approfondir, vous allez constater que vous pouvez parfaitement maintenir votre attention sur la respiration tout en laissant passer ainsi des pensées. La grande différence avec la rêverie, c'est que vous maintenez l'attention fixée sur la respiration et que vous ne vous laissez pas embarquer par les pensées.

Pour bien saisir ce processus, imaginez que vous êtes installé dans une pièce en train de lire un livre, quelqu'un passe dans la pièce puis ressort ; vous pouvez parfaitement sentir le passage de cette personne dans la pièce tout en continuant à lire votre livre. Vous êtes concentré et vous n'êtes pas perturbé par ce passage. Vous êtes capable de poursuivre votre lecture et de ne pas vous mettre à discuter avec cette personne. Il en va de même avec l'attention fixée sur la respiration, vous ne vous laissez pas embarquer par une pensée qui pourrait survenir.

Comme vous le constaterez par vous-même, certaines pensées ont une forte capacité d'attraction et il faut parfois redoubler de vigilance pour maintenir notre attention fixée sur la respiration. Comme il est plus difficile de poursuivre sa lecture quand une personne très attrayante du sexe opposé entre dans la pièce, certaines pensées notamment liées à des émotions intenses exerceront une forte attraction sur notre attention. Quand nous nous trouvons confrontés pendant notre Concentration à des pensées particulièrement attirantes, par exemple des pensées qui cherchent à résoudre un problème important pour nous, nous pouvons utiliser la stratégie suivante : « À la fin de ma méditation, dans quelques minutes, ou dans quelques dizaines de minutes tout au plus, je reprendrai calmement la réflexion sur ce sujet. Il n'est pas indispensable, vital, de réfléchir maintenant à ce sujet, je pourrai tout à fait traiter ce sujet après ma méditation. »

En différant ainsi la réflexion sur ce sujet, nous évacuons le caractère compulsif de ces pensées et nous renforçons encore notre capacité de Concentration.

La nuit, celui qui garde la lumière du phare en vue ne se perdra pas.

À retenir... À retenir...

À chaque fois que
je quitte ma rêverie
pour ramener mon attention
vers ma respiration,
je fais un pas de plus
vers la liberté.

Mettre en place une pratique régulière

Vous connaissez maintenant l'essentiel de la pratique de la Concentration. Vous avez découvert ce geste intérieur fondamental qui consiste à décrocher de nos pensées pour reprendre le fil de la respiration. Il est maintenant temps de découvrir le secret de la progression dans cette pratique.

Bien sûr, une bonne motivation est nécessaire, en se rappelant bien la perspective dans laquelle s'inscrit notre pratique. Gardons à l'esprit que cette pratique est un formidable outil pour nous mener vers un épanouissement profond, un bonheur véritable et durable. Pour que cette motivation puisse effectivement se transformer en progression dans notre pratique, il nous faut mettre en place une pratique régulière et c'est là la clé. Si nous sommes capables de méditer tous les jours, ne serait-ce que 2 minutes pour commencer, alors nous allons progresser. Eh oui, 2 minutes peuvent suffire au début, si la pratique a lieu chaque jour.

Une montée en puissance progressive

Si quelqu'un est emballé par ce qu'il vient de découvrir sur la méditation et qu'il se met à méditer une demi-heure par jour pendant une semaine puis qu'il s'arrête pour passer à la dernière technique en vogue, alors sa pratique ne lui aura pas permis de progresser bien loin. En revanche, quelqu'un qui met en place une pratique quotidienne, même de courte durée, aura nettement progressé au bout de six mois.

Soyez donc habile et commencez lentement. Ne fixez pas la barre trop haut en termes de durée de l'exercice pour chaque jour. Au début, 5 minutes semblent une durée raisonnable. Vous aurez sans doute envie de continuer plus longtemps, mais n'en faites pas trop au début et maintenez votre envie vivace. Au bout d'une ou deux semaines, vous pouvez passer à 10 minutes si vous le souhaitez, mais vous pouvez très bien continuer sur 5 minutes également. Peu à peu, vous allez prendre goût à cet exercice. Vous allez réellement comprendre qu'à chaque fois que vous ramenez votre attention vers votre respiration, vous progressez, et vous allez peu à peu sentir que la vigilance augmente en vous. Vous allez sentir que vous êtes moins accaparé par vos pensées, que vous devenez plus présent. Fort de ce constat, vous aurez naturellement envie de poursuivre cette pratique.

Une fois la pratique bien installée, entre 15 et 30 minutes quotidiennes, au calme chez vous, constituent déjà une bonne moyenne. Précisons que nous n'avons pas tous les mêmes prédispositions, les mêmes facilités à nous installer pour méditer. Ne vous comparez donc pas à d'autres et fixez une durée qui vous est adaptée.

Choisissez votre moment

Choisissez un moment de la journée qui vous convient. Nous sommes tous différents et avons des rythmes de vie différents. Vous devez chercher quel moment de la journée ou de la soirée est plus propice pour vous. Il faut notamment éviter d'être trop fatigué, somnolent. Pour certains, tard le soir conviendra, tandis que pour d'autres, tôt le matin sera préférable, etc. Évitez de méditer juste après avoir mangé, au risque d'être somnolent, et attendez deux heures après un repas et une demi-heure après une petite collation avant de vous installer pour votre pratique. Vous pouvez tester différents moments de la journée et voir comment la méditation se passe. Ensuite, essayez de vous fixer sur un créneau horaire de façon à créer un cadre propice à la régularité. Évidemment, de temps en temps, vous pourrez faire votre méditation quotidienne à un autre moment si besoin est.

Restez éveillé

La somnolence, l'envie de dormir, est un écueil auquel sont confrontés un certain nombre de méditants. Voici plusieurs points à vérifier pour remédier à ce problème : vérifier que l'on ne manque pas de sommeil, bien choisir son moment de la journée, ajuster sa posture assise en évitant notamment d'être avachi, en évitant d'être adossé à un dossier, en maintenant bien le dos droit et la nuque dans le prolongement du dos, en ayant bien les fesses plus hautes que les genoux si l'on est assis sur une chaise. Celui qui a tendance à s'endormir devra rechercher une posture un peu plus tenue, un peu plus droite que celui qui n'a pas ce problème. Pour éviter la somnolence, il est aussi possible de méditer les yeux ouverts plutôt que fermés, tout en fixant le regard vers le sol, à un ou deux mètres devant soi. Boire du thé un peu avant de méditer peut également être utile.

Enfin, celui qui a tendance à s'endormir doit bien se rappeler le but qu'il poursuit en méditant. Si la méditation est pour vous la clé vers une vie pleine et heureuse, si vous avez réellement pris la mesure de ce qu'implique d'être constamment perdu dans ses pensées, bref, si vous êtes profondément motivé, vous aurez nettement moins de probabilité de vous endormir. Si l'on vous disait : ne pas vous endormir pendant les 10 minutes que va durer votre méditation est une question de vie ou de mort pour vous, est-ce que vous vous endormiriez ? Si la vie de vos enfants en dépendait, est-ce que vous vous endormiriez ? Bien sûr, vous allez trouver le moyen de rester éveillé. En vérité, c'est bien d'une question de vie ou de mort qu'il s'agit. Celui qui vit sous l'emprise permanente de ses pensées n'est pas vraiment vivant, il vit réfugié dans ses pensées, dans ses rêves et passe à côté d'une vie pleine. Il n'est pas non plus vivant pour les autres, à commencer par ceux qui dépendent de lui et notamment ses enfants. Celui qui vit perdu dans ses pensées n'est pas pleinement présent pour ses enfants, pour les autres, et il ne leur transmet pas le courant de vie qu'il pourrait leur transmettre une fois sorti de sa bulle de pensées. En vérité, c'est notre vie et celles de ceux qui nous entourent qui sont en jeu à chaque fois que nous nous installons pour méditer. Ceci devrait nous aider pour nous maintenir éveillé.

Une intensité inhabituelle

Signalons également un autre écueil, moins fréquent que la somnolence, mais qu'il est nécessaire de mentionner. Certains apprentis méditants peuvent ressentir pendant ou après leur méditation certaines sensations inhabituelles. C'est bien normal car cette nouvelle pratique vient modifier le mode de fonctionnement dans lequel nous avons vécu jusqu'à maintenant, à savoir la fascination hypnotique

pour les pensées. Nécessairement, ce changement peut se traduire par de la nouveauté en nous.

Pour certains d'entre nous, il arrive parfois que la méditation génère des phénomènes forts, des émotions ou des sensations particulièrement intenses. Le méditant confirmé saura sans doute les intégrer dans sa pratique, mais le novice peut être un peu effrayé, désarçonné, par ces phénomènes. Un tel peut ressentir une forte tension dans une partie du corps, un autre peut ressentir une très forte chaleur dans le ventre, encore un autre pourra sentir comme une tension dans la tête ou entre les sourcils... D'autres encore pourront ressentir une émotion forte, comme une grande peur ou une grande colère par exemple. Si un tel phénomène vient à vous pendant ou après votre méditation et qu'il vous semble trop fort, il est alors nécessaire de chercher de l'aide auprès d'un Instructeur de méditation qui pourra vous accompagner dans ce passage. Cessez temporairement votre pratique de méditation jusqu'à ce que vous ayez trouvé cette aide. Pendant cette période, la recherche d'une personne pouvant vous aider constituera votre pratique. Soyez donc appliqué et motivé dans ce sens. Plus loin dans le livre, un chapitre est dédié à la place jouée par les Instructeurs de méditation, vous pouvez le lire dès que c'est nécessaire (voir p. 217).

Gardez la tête fraîche

Parmi les sensations fortes pouvant survenir chez certains, le fait de sentir une tension dans le front ou entre les sourcils, ou encore de sentir sa tête lourde, chargée, sont des phénomènes bien connus. Les disciplines telles que le qi-gong ou le tai-chi-chuan sont alors particulièrement conseillées et les instructeurs de ces disciplines pourront vous aider à vous enraciner au sol et à alléger ainsi votre tête.

Tout ceci est mentionné au cas où, mais la grande majorité d'entre nous pourra entamer la pratique sans se trouver confrontée à de telles gênes.
Revenons donc à la situation la plus probable, celle où la pratique se met en place naturellement chez vous.

Votre programme personnel

Choisissez un endroit au calme chez vous, et installez-vous toujours à cette place. Veillez à ne pas être dérangé lorsque vous pratiquez votre méditation : éteignez votre téléphone portable, débranchez votre téléphone fixe, éventuellement fermez la porte de la pièce à clé. Ces précautions sont importantes, surtout au début.

Si vous le souhaitez, vous pouvez mettre en place un petit rituel qui marquera le début de votre pratique, baisser la lumière et allumer une petite bougie par exemple.

La bougie éclaire la pièce,
la Vigilance éclaire l'Être.

Voilà, nous avons mis à plat les bases de la méditation de type Concentration. Prenez le temps de bien relire l'exercice décrivant la pratique, vérifiez que vous avez saisi l'essence de ce chapitre. Il vous appartient maintenant de décider de votre programme personnel. Soyez organisé et clair :

- Où allez-vous méditer ?
- Avez-vous bien choisi votre posture, votre chaise ou votre coussin ?

- Quand, dans la journée, allez-vous méditer ?
- Pendant combien de temps ?
- Avez-vous bien un minuteur ou un réveil ?

À partir d'aujourd'hui, vous êtes lancé. Ne remettez pas à plus tard le début de votre pratique. Aujourd'hui ou demain au plus tard, programmez votre première séance.

Lire les chapitres suivants n'a réellement de sens que si vous avez déjà entamé cette pratique régulière assis au calme. Rappelez-vous que 5 minutes suffisent à engager la pratique.

D'une étincelle peut jaillir un brasier.

Développer la pratique dans le quotidien

Vous voilà engagé dans une pratique régulière, assis au calme chez vous. Vous commencez à intégrer ce geste intérieur, cette gymnastique particulière qui consiste à sortir de votre rêverie pour revenir suivre votre respiration.

À chaque fois, je constate que je rêve, je me réveille et je reviens suivre ma respiration. Du sommeil à l'éveil, du sommeil à l'éveil, du sommeil à l'éveil... Vous êtes en train de faire vos gammes, vous êtes en train d'intégrer ce geste fondamental. Le plus grand des pianistes a commencé par faire ses gammes. Le plus grand des joueurs de tennis a commencé par faire des dizaines de coups droits avant d'apprendre à renvoyer la balle de l'autre côté du filet.

C'est en maîtrisant la base qu'on peut commencer son ascension dans la pratique.

Votre première sortie méditative

Quelques jours ou quelques semaines après
le début de votre pratique au calme, vous pourrez vous lancer dans votre première sortie méditative. Dès que vous commencez à bien sentir, à bien connaître ce geste intérieur qui consiste à décrocher des pensées pour revenir sur votre respiration, alors vous êtes prêt pour l'exercice suivant.
Veillez à bien poursuivre en parallèle votre pratique, assis au calme.

EXERCICE

Vous allez sortir de chez vous et choisir un parcours de 5 minutes à pied où vous ne risquez pas d'être dérangé. Choisissez si possible un endroit relativement calme, la nature étant un cadre idéal, mais le trottoir d'une ville pouvant également convenir.

Le but de l'exercice est de suivre le fil de votre respiration pendant les 5 minutes de votre parcours à pied. Le principe est exactement le même que lors de votre méditation assis au calme.

À chaque fois que vous décrochez, vous ramenez gentiment votre attention vers votre respiration.
Ici, les sources de distraction sont plus nombreuses et les occasions de perdre le fil de la respiration sont donc aussi plus nombreuses.
En gardant votre regard à peu près fixe devant vous, vous éviterez certaines distractions visuelles, ce qui pourra vous faciliter la tâche.
Allez-y.

En pratiquant lors de cette marche, vous renforcez votre capacité de concentration. Vous commencez à propager dans votre vie cette nouvelle capacité que vous avez d'abord mise en place au calme, assis chez vous. En répétant régulièrement cet exercice, vous allez constater que vous êtes capable de suivre le fil de votre respiration tout en marchant tout à fait normalement. Peut-être pour la première fois depuis bien longtemps, vous êtes alors en train de marcher ici et maintenant, vous êtes présent tout en marchant et non plus perdu dans les pensées.

Des situations propices

La Concentration permet de jeter une ancre en nous pour fixer notre attention, ce qui nous empêche de dériver au gré des pensées. Cette ancre peut être utilisée lors de notre pratique au calme, mais aussi de plus en plus souvent dans notre quotidien.

Voici une série de scènes du quotidien dans lesquelles nous pouvons mettre à profit notre pratique de Concentration :

• En voiture dans les embouteillages. Au lieu de nous énerver sur le trafic, sur la voiture devant nous qui n'avance pas, au lieu de nous perdre dans nos rêveries, au lieu d'écouter la radio qui constitue souvent une forme de rêverie et d'absence à nous-mêmes, nous pouvons décider de méditer et de nous concentrer sur le fil de notre respiration. À chaque décrochage vers les pensées, nous revenons vers notre respiration.

• Dans une file d'attente, au supermarché, au cinéma, à la boulangerie, à la poste, à la banque, etc. En attendant que votre tour vienne, deux options s'offrent à vous, soit gamberger, penser, ressasser, soit profiter de ce moment pour vous exercer à la Concentration.

• Sous la douche ou dans le bain, quelques minutes de Concentration remplaceront sans doute quelques rêveries.

• Dans votre lit, avant de vous endormir. Allongé dans votre lit, au lieu de penser au lendemain ou à la journée passée, quelques minutes de Concentration vous détendront et faciliteront votre entrée dans le sommeil ainsi que la qualité de celui-ci. Si vous avez du mal à vous endormir ou si vous vous réveillez la nuit, suivre le fil de votre respiration pourra vous aider à trouver le sommeil.

Si au contraire, vous vous endormez facilement et que vous êtes même sujet à la somnolence en méditation, évitez de pratiquer votre Concentration juste avant de vous endormir. En effet, vous risqueriez alors de renforcer le lien qui existe en vous entre le fait de se concentrer et le fait de s'endormir.

• Les trajets à pied constituent aussi de bonnes opportunités.

• Soyez inventif, vous trouverez sûrement bien d'autres occasions quotidiennes de pratiquer votre Concentration : en vous brossant les dents, en vous rasant...

D'autres supports de Concentration

Une fois que vous commencez à bien maîtriser ce geste intérieur qui consiste à décrocher des pensées pour revenir suivre la respiration, au calme ou dans des situations du quotidien, vous pouvez également pratiquer votre méditation avec d'autres supports de Concentration.

Bien sûr, il n'est pas question d'abandonner votre support principal qu'est la respiration, mais vous pouvez continuer à développer la maîtrise de votre attention en variant de temps en temps le support sur lequel vous vous concentrez.

EXERCICE

Choisissez un trajet à pied de 5 minutes.
Le but de l'exercice est de se concentrer sur la sensation des pieds marchant sur le sol, sur la sensation procurée par le contact avec le sol. Vous devez placer votre attention sur vos pieds, sur le ressenti dans chaque pied.
À chaque pas, à chaque contact avec le sol, votre attention suit les sensations au niveau des pieds.

Comme pour la respiration, dès que vous décrochez vers les pensées, vous ramenez votre attention vers le ressenti au niveau des pieds. Le rythme de la marche, la succession des contacts entre les pieds et le sol, tout comme le rythme de la respiration, aident à se concentrer.

Vous pouvez régulièrement faire cet exercice lorsque vous vous déplacez à pied. Lorsque vous sortez du travail et que vous vous sentez agité, ou lorsque vous avez une pause dans une journée où la tête travaille beaucoup, cet exercice est particulièrement adapté.

Ainsi, la sensation du contact des pieds avec le sol peut constituer un support efficace de Concentration. Il en existe d'autres.

EXERCICE

Prévoyez un repas où vous mangerez seul, en silence, sans distraction (lecture, TV, musique ou autres...). Prévoyez une nourriture que vous aimez.

Le but de l'exercice est de fixer votre attention sur le goût de ce que vous êtes en train de manger, tout au long du repas. Comme d'habitude, à chaque fois que vous décrochez vers les pensées, vous ramenez gentiment votre attention vers la sensation du goût.

Après avoir fait cet exercice, vous réaliserez sans doute à quel point nous mangeons généralement sans réellement faire attention, sans être présent aux sensations que nous procure la nourriture. En faisant cet exercice, on redécouvre le plaisir de goûter, de manger. On réalise aussi à quel point certaines distractions au moment du repas nous privent de ce plaisir d'apprécier ce qu'on mange. La télévision pendant le repas, invitée quotidiennement à la table de beaucoup d'entre nous, est sans doute l'une des distractions principales. Après avoir fait quelques fois cet exercice, il est possible que vous ayez envie de temps en temps de manger seul en silence, simplement par plaisir.

En cherchant, vous trouverez d'autres moments du quotidien où des sensations particulières pourront constituer un support pour votre Concentration : par exemple le massage du shampoing chez le coiffeur, les massages en général... Bien sûr le yoga, le tai-chi et de nombreuses activités physiques inviteront naturellement à fixer son attention sur des sensations précises plutôt que sur les pensées.

À retenir... À retenir...

Chaque situation de rêverie est une opportunité pour pratiquer.

Les déclencheurs de pratique

Peu à peu, la pratique se propage dans notre quotidien.
Nous commençons à reprendre les rênes de notre attention. Pour avancer encore dans notre pratique de Concentration, nous pouvons encore amplifier la présence de la Concentration dans notre quotidien en plaçant habilement des « déclencheurs » de pratique.

Une invitation à méditer

Un déclencheur est un signal qui nous invite à suivre immédiatement le fil de notre respiration pendant une ou quelques minutes, quelles que soient les pensées présentes à ce moment-là.

Prenons un exemple : supposons que vous placiez dans votre poche un petit caillou ; vous décidez alors de la règle suivante : à chaque fois que je sentirai ce petit caillou dans ma poche, je me mettrai immédiatement à suivre le fil de ma respiration pendant à peu près 1 minute. Voilà, vous avez fait de ce petit caillou un déclencheur pour votre pratique de Concentration.

Un déclencheur remplit plusieurs fonctions. Bien sûr, il nous fournit de nouvelles occasions de pratiquer, ce qui renforce naturellement la pratique. De plus, le fait que le déclencheur apparaisse sans prévenir nous permet de nous surprendre en flagrant délit de rêverie. La plupart du temps, lorsque le déclencheur apparaît, nous sommes en train de penser, et le déclencheur nous fait donc prendre conscience de notre tendance à vivre en permanence perdus dans nos pensées. Enfin, le déclencheur survient alors que nous sommes en phase d'activité. Les pensées s'enchaînent avec la force d'inertie du moment, elles sont parfois liées à un fort désir, à une forte émotion et notre aptitude à retrouver le fil de notre respiration dans une telle situation, à chaud, signale une bonne progression dans la maîtrise de notre attention.

Trouvez votre propre déclencheur

Voici différents exemples de déclencheurs :

• Un simple Post-it où vous inscrivez un mot ou une phrase de votre choix (« Réveille-toi ! » par exemple) et que vous placez dans un endroit opportun peut constituer un bon déclencheur. Le tiroir de votre bureau, à l'intérieur du réfrigérateur, à l'intérieur de votre placard, sur le frein à main de votre voiture, etc.
À chaque fois que vous tombez sur le Post-it, vous cherchez immédiatement à reprendre le fil de votre respiration pendant environ 1 minute. Déplacez régulièrement le Post-it de façon à vous surprendre, en faisant preuve d'inventivité. Si vous êtes en couple, vous pouvez demander à votre conjoint de placer le Post-it pour vous surprendre chaque jour. Bien sûr, vous pouvez aussi remplacer le Post-it par un autre objet de votre choix.
• Le son de la cloche d'une église.
• Le son d'un Klaxon. À chaque fois que vous entendez un Klaxon, vous retrouvez pour environ 1 minute le fil de votre respiration.
• À chaque fois que vous vous surprenez à regarder votre montre.
• Quand vous entendez le son annonçant la fermeture des portes de métro ou de train.
• Quand vous entendez le son signalant l'arrivée d'un e-mail sur votre ordinateur, ou le son signalant l'arrivée d'un SMS sur votre téléphone portable.
• À chaque fois que vous vous regardez dans un miroir.
• Un petit caillou dans votre poche.

Cherchez dans votre quotidien des déclencheurs qui pourront vous surprendre. Certains déclencheurs ne s'usent pas avec le temps, comme le son d'un Klaxon, d'autres vont s'user au fil du temps, comme le fait de regarder sa montre. Après un certain nombre de jours, vous anticiperez avant de regarder votre montre et vous saurez qu'un déclencheur est caché là. Il conviendra alors d'en changer. L'important est de maintenir l'effet de surprise.

EXERCICE

Choisissez un premier déclencheur et décidez bien qu'à chaque fois que ce déclencheur apparaîtra, vous rechercherez immédiatement à suivre le fil de votre respiration.

Constater les progrès

Si vous vous êtes sincèrement engagé dans votre pratique, que vous méditez quotidiennement au calme chez vous et que vous commencez à propager votre pratique dans votre quotidien, alors vous allez progresser, c'est inévitable.

Différents indices vont vous signaler votre progression, vous confirmer que vous avancez dans la bonne direction, ce qui apportera naturellement une motivation supplémentaire.

Tout d'abord, au niveau de la pratique de Concentration elle-même, les rêveries au cours desquelles vous décrochez complètement du fil de la respiration vont être de plus en plus courtes. C'est-à-dire que vous allez vous surprendre de plus en plus rapidement lorsque vous commencez à partir dans votre rêverie. Peu à peu, les décrochages vers les pensées vont être eux-mêmes moins fréquents. Vous allez pouvoir suivre la respiration de plus en plus continûment d'un bout à l'autre de votre méditation. Vient un moment où vous serez à même de voir les pensées apparaître sans pour autant quitter le fil de votre respiration, elles partiront comme elles sont venues sans que vous vous en mêliez, comme si elles constituaient un phénomène externe sans importance particulière, fonctionnant indépendamment de vous.

Dans votre quotidien, vous allez sentir peu à peu que vous retrouvez une vie en dehors des pensées. Vous allez vous sentir plus présent à ce qui se passe autour de vous, plus présent à vous-même. Votre sensibilité va peu à peu se redévelopper. De plus, la nouveauté que vous êtes en train de mettre en place au cœur de vous-même va nécessairement générer de la nouveauté autour de vous. Vous êtes en train de changer, d'évoluer, et il est bien possible que des évolutions surviennent également dans vos relations, dans vos activités, dans vos envies, dans le déroulement de votre vie. Accueillez ce changement avec confiance, car il s'inscrit dans une démarche profondément positive.

Lorsque vous arrivez à suivre continûment ou quasi continûment le fil de votre respiration pendant votre Concentration, vous êtes alors prêt à découvrir l'étape suivante de la méditation.

L'Observation Intérieure

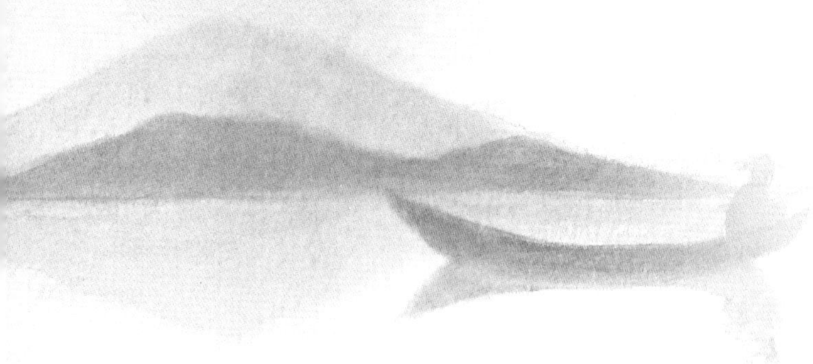

Une attention maintenant disponible

Commençons par fêter l'événement. Être capable de maintenir volontairement son attention sur un support autre que les pensées marque un grand progrès. En étant capable de décrocher du mode de fonctionnement mécanique et permanent des pensées, vous avez acquis une grande liberté.

EXERCICE

Trouvez une occasion de fêter votre progression.

Cette nouvelle liberté marque l'entrée dans une nouvelle étape de la méditation. Votre attention va maintenant pouvoir se porter sur un nouveau territoire : vous-même, l'Être que vous êtes. De la même façon qu'il est possible d'observer ce qui se passe à l'extérieur de nous, il est maintenant possible de tourner notre regard, notre attention, vers l'intérieur.

En observant ce qui se passe en nous, nous allons découvrir, ressentir, comprendre. De plus, le simple fait d'observer redonne vie à ce que nous observons, comme une vieille maison inhabitée dans laquelle on viendrait à nouveau vivre. En observant ainsi notre vie intérieure, nous nous épanouissons, nous nous libérons de nœuds et de blocages. En vérité, nous grandissons, nous mûrissons.

À mesure que le soleil se lève,
les formes apparaissent
et la nuit disparaît.

À la découverte du paysage intérieur

Découvrons ensemble les différentes composantes de notre paysage intérieur.

Les pensées, les sensations et les émotions

Nous le savons, dans ce paysage se trouvent des pensées. Et avant que l'on commence à pratiquer la méditation, ces pensées occupent la presque totalité du paysage. En réalité, elles n'en sont qu'une partie.

Nous trouvons aussi en nous des sensations. Naturellement, nous connaissons les sensations procurées par les sens dits externes du corps humain, le goût, l'odorat, l'ouïe, la vue et le toucher. En portant notre attention sur ce qui se passe en nous, nous pouvons également percevoir des sensations internes. Supposons par exemple que vous ayez mal à l'intérieur de la cheville, la sensation que vous percevez ne provient pas des cinq sens externes, il s'agit d'une sensation interne. De la même façon, nous pouvons percevoir toutes sortes de sensations internes liées à notre corps physique : crispations, tensions, pincements, sensations de chaleur ou de froid, etc. En observant encore un peu plus finement, nous nous mettrons également à observer des sensations internes plus subtiles, nous y reviendrons bientôt.

Enfin, évoquons une composante importante de notre paysage intérieur : les émotions. En effet, nous ressentons fréquemment des émotions, et il s'agit là de phénomènes internes que nous pouvons observer. Peur, colère, tristesse, joie et autres imprègnent notre quotidien. Lorsque notre attention est focalisée sur les pensées, nous ne ressentons pas vraiment les émotions qui nous traversent. Or, elles jouent un rôle clé dans notre fonctionnement et nous allons ensemble redécouvrir ces émotions, les comprendre, les goûter. Certes, les émotions pourraient être simplement considérées comme des sensations internes, mais l'importance de leur rôle invite à les considérer comme une catégorie particulière de notre paysage intérieur.

De façon synthétique, voici donc les trois grands types de phénomènes que nous pouvons observer dans notre paysage intérieur : les pensées, les émotions, les sensations liées au corps physique ou plus subtiles. Nous allons explorer ces trois composantes mais avant cela, apprenons à observer.

L'Observation

Jusqu'à maintenant, nous avons appris à concentrer notre attention sur un support bien précis, la respiration. La Concentration se caractérise par la fixation de l'attention sur un support unique, relativement stable. Dans la phase d'Observation, les éléments observés vont être changeants, dynamiques, et l'Observation va se déplacer entre différents éléments. Pratiquons un premier exercice pour mieux comprendre.

EXERCICE

Asseyez-vous dans la même posture que pour la Concentration.
Le but de cet exercice est de ressentir les sensations perçues dans votre dos, des fesses à la nuque, pendant 3 minutes. Quelles que soient les sensations qui se présentent, où qu'elles se présentent, en bas, en haut, sur le côté...

votre rôle consiste simplement à observer silencieusement. Laissez votre attention être guidée par les sensations. Évitez autant que possible de commenter avec des pensées ce qui se passe et profitez du spectacle.

Si vous décrochez vers les pensées et que vous perdez les sensations du dos de votre champ de perception, ramenez gentiment votre attention vers votre dos et cherchez une sensation qui permette de reprendre contact avec la zone du dos.

Si vous avez réussi à ne pas décrocher vers les pensées pendant l'exercice, félicitations. Si vous avez décroché vers les pensées, mais que vous avez réussi à ramener votre attention vers le dos, félicitations également.
Si vous avez senti que vous décrochiez fréquemment vers les pensées et que vous aviez du mal à garder le contact avec le dos, alors il convient d'ajuster un peu la méthode. Nous allons dans ce cas réutiliser l'ancrage que procure la respiration. Ramener l'attention vers la respiration est toujours possible.

Lorsque vous vous surprenez à être décroché dans les pensées, vous pouvez commencer par ramener votre attention sur votre respiration et vous stabiliser quelques instants là. À partir de la respiration, vous pouvez ensuite ouvrir votre attention à ce qui se passe dans le dos. Quand vous le souhaitez, vous pouvez toujours revenir vous stabiliser au niveau de la respiration. Celle-ci est comme une ancre fixe jetée au fond de l'eau, vous nagez autour d'elle, vous y revenez, vous la gardez en vue, ce qui vous évite de partir à la dérive. Peu à peu, vous allez découvrir qu'il est possible de garder le fil de votre respiration tout en ouvrant votre attention à d'autres sensations.

L'attention devient plus souple, plus ouverte, capable de percevoir plusieurs éléments en même temps. Jusqu'à maintenant, dans la méthode de Concentration, l'attention était relativement contractée, un peu rigide. Peu à peu, en pratiquant la méthode de l'Observation, l'attention va pouvoir s'assouplir, s'élargir.
Retenons donc le point suivant : lorsque l'on entame l'Observation Intérieure, nous pouvons si besoin est garder le point d'ancrage de la respiration, pour éviter tout décrochage dans les pensées.

Un spectateur attentif

Dans l'Observation Intérieure, notre rôle consiste simplement à nous maintenir dans notre position d'observateur et à contempler le spectacle. Se maintenir dans la position d'observateur signifie éviter de décrocher vers les pensées et revenir au plus vite vers l'observation si un décrochage vers les pensées vient à se produire. Contempler le spectacle signifie observer ce qui se déroule comme si nous étions au cinéma. Dans le cas de l'exercice visant à observer ce qui se passe dans notre dos, nous observons le balai des sensations, leurs mouvements, leurs modifications, sans s'y impliquer, sans chercher à changer par nous-mêmes quoi que ce soit. Si une sensation douloureuse apparaît, nous la laissons apparaître sans nous y accrocher, sans chercher à la supprimer, nous maintenons simplement notre attention ouverte sur tout ce qui peut se passer dans la zone du dos pendant la durée de l'exercice.

EXERCICE

Refaites l'exercice d'observation du dos pendant 3 minutes en intégrant si nécessaire l'attention à la respiration et en observant avec la qualité d'attention douce et non interventionniste évoquée ci-dessus.

Voilà, nous avons maintenant les premières bases concernant la façon d'observer. Nous reviendrons par la suite plus en profondeur sur cette façon d'observer et la qualité d'attention qu'il nous faut développer dans la pratique.

Abordons maintenant en détail ce que nous allons observer, à savoir les différentes composantes de notre paysage intérieur.

À retenir... À retenir...

Le paysage intérieur
est composé de pensées,
d'émotions
et de sensations.

Pour
l'Observation Intérieure :

- l'attention devient ouverte, souple ;
- la respiration est toujours à disposition en cas de décrochage vers les pensées ;
- je laisse le Spectacle intérieur se dérouler sans intervenir.

Les émotions

Peur, Colère, Tristesse et Joie sont les quatre émotions fondamentales qui peuvent se manifester en nous.

À l'écoute de nos émotions

Lorsqu'une émotion apparaît, elle se manifeste en nous par tout un ensemble de sensations internes au niveau du cœur, du plexus, de la gorge, du ventre et autres. Naturellement, des pensées peuvent accompagner l'émotion, mais ce sont ces sensations internes qui constituent avant tout la manifestation de cette émotion.

EXERCICE

Asseyez-vous dans la posture habituelle de méditation. Choisissez une situation récente où vous avez été en colère. Réglez votre minuteur pour sonner dans 5 minutes.

Le but de l'exercice est de penser à cette situation pour essayer de faire remonter l'émotion que vous avez ressentie à ce moment-là. Lorsque l'émotion se manifeste, observez-la. Maintenez votre attention au contact des sensations liées à l'émotion en évitant de prêter attention aux pensées qui peuvent accompagner l'émotion. Prêtez notamment attention à ce qui se passe au niveau du cœur, du plexus et de la gorge, puis laissez l'émotion se déployer, se diffuser, se déplacer dans le corps là où elle souhaite aller. Vous êtes le spectateur, l'émotion est le spectacle.

Pour l'instant, nous nous contentons d'une première prise de contact avec les émotions. Par la suite, nous en apprendrons bien plus à leur sujet et sur la façon de méditer avec elles. Poursuivons pour l'heure ce premier contact.

EXERCICES

• Reprenez l'exercice précédent en utilisant une situation où vous avez eu peur. Cette fois-ci, prêtez notamment attention à ce qui se passe dans votre dos, au niveau du ventre, du plexus, du cœur, de la gorge, puis laissez l'émotion se déployer, se diffuser, se déplacer dans le corps là où elle souhaite aller.

• Reprenez l'exercice précédent en utilisant une situation où vous avez été triste. Cette fois-ci, prêtez notamment attention à ce qui se passe au niveau du cœur, de la gorge, du plexus, puis laissez l'émotion se déployer, se diffuser, se déplacer dans le corps là où elle souhaite aller.

• Reprenez l'exercice précédent en utilisant une situation où vous avez été joyeux. Cette fois-ci, prêtez notamment attention à ce qui se passe au niveau du cœur, de la gorge, du plexus, puis laissez l'émotion se déployer, se diffuser, se déplacer dans le corps là où elle souhaite aller. Il existe différents usages du mot joie. Lorsque nous l'utiliserons, il s'agira ici du phénomène intérieur momentané qui se produit lorsque nous nous trouvons unis à quelque chose qui nous attire.

Si ces quatre derniers exercices vous ont semblé difficiles à réaliser et que vous avez eu du mal à visualiser une scène appropriée ou que l'émotion a eu du mal à monter : pas de problème.

Par la suite, les émotions monteront naturellement en vous pendant la méditation et vous pourrez alors les observer.

Des combinaisons d'émotions fondamentales

À ce stade, peut-être vous demandez-vous pourquoi seulement quatre émotions ont été abordées. En réalité, il s'agit là des quatre émotions fondamentales, les autres émotions étant toujours des combinaisons plus ou moins complexes de ces émotions fondamentales. Vérifions-le ensemble à travers quelques exemples :

- La culpabilité est un mélange essentiellement de peur d'avoir mal fait et de colère contre soi-même.
- La jalousie est un mélange de peur d'être abandonné et de colère contre le conjoint.
- La honte est un mélange de peur du jugement et de colère contre soi-même. Parfois un peu de joie vient aussi s'y cacher, par exemple lorsque l'on dit « J'ai honte » avec un petit sourire derrière.
- La haine est une forte colère contre quelqu'un ou quelque chose.
- La nostalgie est un mélange de tristesse et de joie.
- Etc.

Remarquons également qu'une même émotion fondamentale peut se cacher derrière de nombreux noms d'émotions. Par exemple, la peur se cache derrière l'anxiété, l'inquiétude, l'angoisse, la frayeur, la panique, l'appréhension...

Ainsi, lorsque nous sentons une émotion relativement confuse monter en nous, que nous avons du mal à l'identifier clairement, nous pouvons toujours nous interroger : est-ce que la peur est présente dans cette émotion que je ressens ? Est-ce que la colère est présente ? Est-ce que la tristesse est présente ? Est-ce que la joie est présente ?

En détectant ainsi la présence d'une ou plusieurs émotions fondamentales, nous sommes à même de démêler les composantes de cette émotion confuse que nous ressentons.

Nous pouvons alors observer tour à tour les différentes émotions fondamentales que nous avons détectées. Grâce à cette méthode de décomposition d'un ensemble complexe en éléments simples, nous facilitons l'observation des différentes émotions qui peuvent nous traverser.

De plus, en mettant systématiquement en lumière les quatre émotions fondamentales, nous nous familiarisons avec elles et établissons ainsi des points de repère solides pour notre pratique d'Observation Intérieure. La peur, la colère, la tristesse et la joie sont de mieux en mieux connues, de mieux en mieux reconnues lorsqu'elles montent en nous.

Voilà donc quatre phénomènes intérieurs caractéristiques qui prennent régulièrement place dans notre paysage intérieur. Découvrons maintenant les autres sensations internes qui peuvent se présenter.

À retenir... À retenir...

Peur, Colère, Tristesse et Joie sont les quatre émotions fondamentales.

Toute émotion peut être décomposée en y détectant ces émotions fondamentales.

Les sensations internes

Continuons à décomposer notre paysage intérieur. En identifiant clairement ses différentes composantes, nous allons en faciliter l'observation.

À l'écoute de nos sensations

Nous l'avons déjà signalé, nous pouvons percevoir facilement toutes sortes de sensations internes liées à notre corps physique. Les différentes douleurs que nous pouvons ressentir quand une partie de notre corps est malade sont pour l'essentiel des sensations internes : pincements, tensions internes, douleur lancinante, sensation de brûlure, de froid... Autre exemple : si nous contractons vivement un muscle, nous ressentirons une sensation de tension dans le muscle.

EXERCICE

Asseyez-vous dans votre posture de méditation. Fermez les yeux et contractez vivement votre biceps droit en pliant le bras, comme si vous vouliez montrer votre biceps. Observez simplement les sensations dans le biceps pendant une quinzaine de secondes.

Vous avez sans doute senti une tension plus ou moins localisée, plus ou moins répartie dans le biceps. Vérifiez bien qu'il s'agit là d'une sensation interne n'ayant rien à voir avec les cinq sens externes du corps physique.

Ainsi, toutes sortes de sensations liées au corps physique sont aisément observables en nous.

Les sensations subtiles

À mesure que notre attention s'affine, nous allons découvrir que des sensations plus subtiles peuvent également être observées. Pour celui qui est imprégné de la pensée occidentale qui ne conçoit l'être humain que comme un corps physique, c'est-à-dire un assemblage de matière, l'entrée dans ce nouveau territoire intérieur recèle de belles découvertes.

Reprenons l'exemple de la tristesse. Au début, si nous cherchons à percevoir ce que nous ressentons en lien avec une situation triste pour nous, nous allons commencer par percevoir des sensations liées au corps physique : peut-être un point, une tension au milieu de la poitrine, ou encore une sensation de crispation, de nœud dans la gorge. Mais, si nous sommes capables de maintenir notre attention au contact des sensations liées à cette tristesse, dans une observation douce, nous allons peu à peu découvrir des phénomènes nouveaux pour nous. Vont apparaître des sensations plus subtiles, c'est-à-dire plus délicates, plus légères, plus fines. Ces nouvelles sensations subtiles vont également être plus fluides, dynamiques, alors que les sensations plus grossières que nous percevions au début nous semblaient plus statiques. Par exemple, autour de la pression, de la tension que nous ressentions au milieu de la poitrine, vont se mettre à apparaître différentes sensations subtiles : sensation de vague qui monte et qui descend, sensation de pulsation, sensation de tourbillon, sensation de fluide circulant... Il faut vraiment l'expérimenter pour savoir ce dont il s'agit.

En maintenant une attention douce au contact d'une partie du corps physique, quelle qu'elle soit, inévitablement, les sensations subtiles vont se mettre à apparaître. Le plus aisé est sans doute néanmoins d'observer délicatement une partie du corps située entre la gorge et le ventre.

Le moment où vous allez percevoir pour la première fois ces sensations subtiles est un beau moment dans une vie, un grand moment. Vous allez ressentir et réaliser qu'il se cache en fait derrière la matière un monde plus subtil, et que l'Être que vous êtes ne se limite donc pas à un corps physique matériel.

Au-delà de l'apparence immédiate

Vous connaissez sans doute ces images « magiques » où il nous faut observer pendant un certain temps une image colorée sans forme particulière. Vient un moment où, tout à coup, après ce temps d'attente, nous percevons une nouvelle image, une nouvelle forme en trois dimensions, comme si l'image avait une profondeur. Cette image était là depuis le début, mais elle était cachée ; nos yeux ne la voyaient pas et nous ne percevions que cette image de surface en deux dimensions. Qui n'a pas été émerveillé en découvrant pour la première fois l'image cachée ? Si vous n'avez jamais fait cette expérience, cherchez à vous procurer chez un grand libraire un petit livre contenant ce type d'image.

Le moment où les sensations subtiles commencent à apparaître est un peu semblable au moment où l'on découvre cette fameuse image cachée. Sauf que dans ce cas précis, c'est de votre vie qu'il s'agit, de votre conception du monde, de l'Existence.

Si personne ne vous dit de regarder attentivement l'image magique, vous ne verrez jamais l'image cachée derrière l'image apparente. Il en va de même avec les sensations subtiles. Si personne ne vous dit de regarder attentivement en vous, vous ne découvrirez jamais ces sensations subtiles.

Heureusement, vous êtes maintenant au courant. Le livre d'images magiques est dans vos mains, il ne vous reste plus qu'à regarder et le monde subtil va se révéler à vous.

Toute une palette de nouvelles sensations va peu à peu se présenter en vous. Là où tout semblait être superficiel et statique, tout va devenir profond et dynamique. Une différence avec les images « magiques » est que ce que nous découvrons en dessous des apparences n'est pas ici une image fixe, mais plutôt un ensemble dynamique. Vous commencez sans doute à mieux comprendre comment des moines peuvent passer des heures entières à méditer. Pour celui qui ne connaît que la surface, le moine semble inerte et sans vie. Pour celui qui connaît la profondeur, le moine vit intensément à chaque instant un festival de nouveauté.

L'énergie

Ici, il devient utile d'introduire une nouvelle notion : l'énergie. Pour celui qui commence à percevoir des sensations subtiles, le mot énergie apparaît spontanément comme tout à fait adapté pour décrire cette vitalité qui règne sous la surface. Les scientifiques occidentaux vous le diront, ce monde manifesté est une grande danse d'énergie, et la matière n'est qu'une illusion apparente derrière laquelle se cache de l'énergie. Les sagesses orientales ont aussi depuis des temps immémoriaux décrit ce monde manifesté en termes d'énergies ; toutes les formes, toutes les choses apparentes de ce monde sont en réalité différents aspects de cette énergie. À votre tour, lorsque vous vous mettez à percevoir ces sensations subtiles, vous découvrez cette danse d'énergie qui nous anime, qui anime l'univers tout entier.

Prenons quelques instants pour bien comprendre comment cette énergie fonctionne en nous. Tout ce qui apparaît dans l'univers est une forme particulière prise par l'énergie. *A fortiori,* tout ce qui apparaît en nous est une forme particulière de l'énergie en nous. Les différentes composantes de notre paysage intérieur sont donc différentes formes d'énergie. Les pensées sont une forme d'énergie, les émotions sont une forme d'énergie, les sensations sont une forme d'énergie. Chacune de ces expressions de la vie en nous est en réalité alimentée par de l'énergie, est composée d'énergie.

Les différentes formes de l'énergie

Prenez par exemple l'électricité dans votre habitation. Avec cette électricité, vous pouvez alimenter en énergie une machine à laver le linge, une lampe, un ordinateur, un aspirateur, etc. L'électricité qui est une forme d'énergie brute se trouve alors utilisée par différents appareils pour différents usages, et pour chacun des appareils, elle est transformée dans une forme d'énergie particulière : de l'énergie mécanique pour l'aspirateur, de la chaleur puis de la lumière pour l'ampoule de la lampe, etc.
Il en va de même en nous, l'énergie se trouve utilisée par différentes fonctions et apparaît sous différentes formes que nous pouvons percevoir : les pensées, les émotions, les sensations.

Lorsque l'on se met à sentir les sensations subtiles, on a l'impression de percevoir de l'énergie brute, dansante, comme si nous ressentions le courant électrique avant qu'il ne soit transformé pour différentes utilisations sous différentes formes.

Il apparaît alors naturel d'utiliser les termes d'« énergies subtiles » pour décrire ce que nous percevons. À mesure que notre pratique d'Observation va s'affiner, nous percevrons différentes formes d'énergies subtiles, différentes intensités, différents courants ou circulations, différentes tensions ou accumulations, différents rythmes, différentes vibrations. Sur de nombreux aspects, il nous apparaîtra que l'énergie subtile circule en nous comme un fluide, circulant aisément à certains endroits, rencontrant des blocages à d'autres, s'accumulant... Néanmoins, ce fluide reste bien plus subtil et complexe que de l'eau circulant le long de canaux.

Voilà, assez parlé sur la notion d'énergie, à mesure que vous allez avancer dans la pratique de l'Observation Intérieure, vous allez expérimenter de façon directe cette expression de la vie en vous.

Où se situe la vie de l'océan, à sa surface ou dans sa profondeur ?

À retenir... À retenir...

Au-delà des sensations « physiques », on peut percevoir **des énergies subtiles**. Pensées, émotions, sensations sont des formes particulières prises par **notre énergie interne.**

Les pensées

Parlons maintenant de cette composante du paysage intérieur que sont les pensées. Nous avons appris à nous en détacher dans la phase de Concentration, nous allons maintenant apprendre à les observer.

Pensées parasites ou pensées utiles ?

Dans les chapitres précédents, nous avons déjà évoqué le rôle et le fonctionnement de la pensée, nous avons notamment distingué deux modes de fonctionnement bien distincts :

- Les pensées parasites qui polluent notre paysage intérieur, inutiles et inadaptées aux situations que nous vivons. Leur omniprésence est lourde de conséquences pour notre vie.
- Les pensées utiles et efficaces, qui correspondent à un fonctionnement personnel harmonieux, en phase avec la réalité, enraciné dans une structure personnelle solide.

Peu à peu, nous allons apprendre à discerner dans notre quotidien les pensées parasites et les pensées utiles.

Quelques exemples

- Vous avez un rendez-vous important ou un examen. Si vous passez votre temps à penser à ce qui va se passer si vous échouez à votre rendez-vous, alors, il est fort probable que ces pensées soient inutiles, gaspillant votre énergie, vous faisant perdre votre temps, et au final perturbantes pour le rendez-vous lui-même.
- Vous êtes dans une réunion que vous ne pouvez pas quitter et vous réalisez que vous n'avez pas fermé à clé votre voiture garée dans la rue. Si vous passez le reste de la réunion à paniquer intérieurement, à réfléchir à tout ce qui se trouve dans la voiture, à tout ce qu'on pourrait vous y voler, aux conséquences des vols possibles, à la réaction de votre conjoint, etc., alors, toutes ces pensées sont inutiles. Vous n'êtes plus présent à la réunion, plus apte à y participer

pleinement et toutes ces pensées ne changeront absolument rien à la situation concernant votre voiture. De plus, il est fort probable que la voiture soit intacte.
• Votre enfant a un peu de fièvre alors que vous vous apprêtez à partir en vacances. Vous prenez rendez-vous chez le médecin qui accepte de vous recevoir dans deux heures. Si, pendant ces deux heures, vous vous mettez à inventer toutes sortes de scénarios sur la maladie de votre enfant, sur les conséquences pour vos vacances, etc., alors, toutes ces pensées sont inutiles et vous êtes moins disponible pour votre enfant qui est un peu malade. C'est après avoir entendu le diagnostic du médecin que vous pourrez réfléchir efficacement.

Si vous êtes vigilant, vous allez découvrir dans votre quotidien de nombreux moments où la pensée dérape, où vous pensez de façon parfaitement inutile. Non seulement penser ainsi ne sert à rien, mais cela nous fait en plus perdre notre disponibilité pour l'instant présent et entretient la dictature de la pensée dont nous connaissons maintenant les conséquences.

Par rapport aux exemples donnés ci-dessus, votre première réaction est peut-être de dire : « Oui, mais c'est normal, c'est naturel de se mettre à penser comme ça dans de telles situations. » Peu à peu, nous allons découvrir que ce que nous qualifions de normal et qui constitue en effet la norme dans notre monde moderne relève en réalité d'un fonctionnement déséquilibré, immature, de l'outil qu'est la pensée.

Reprenons les exemples précédents et décrivons ce qui pourrait constituer un mode de fonctionnement adapté de la pensée :
• Le rendez-vous important ou l'examen. Une pensée efficace et utile contribuera à bien se préparer pour le rendez-vous. Tout le reste est inutile.
• La voiture restée ouverte pendant la réunion. Une pensée efficace et utile consistera à rapidement évaluer les possibilités de faire fermer cette portière puis, si l'on ne trouve pas de solution, à se reconcentrer sur la réunion en cours en abandonnant toute autre pensée concernant la voiture.
• Pour l'enfant fiévreux. Une pensée efficace et utile cherchera par exemple les meilleures solutions pour rendre ce moment plus facile pour l'enfant, aucune pensée concernant les conséquences du diagnostic du médecin n'étant pour l'instant nécessaire.

Fonctionner comme un ordinateur ?

Ici, une réaction peut monter chez certains. « Mais fonctionner ainsi est inhumain, c'est fonctionner comme un ordinateur. » En vérité, c'est tout le contraire. Une personne fonctionnant sur le mode de la pensée parasite permanente vit comme un ordinateur, les pensées étant mécaniquement programmées sans aucune liberté de notre part, un ordinateur lent et un peu bête qui plus est. Une personne fonctionnant avec des pensées utiles jouit en fait d'une immense disponibilité intérieure, d'une profonde sensibilité échappant totalement au mode de fonctionnement mécanique d'un ordinateur.

EXERCICE

Choisissez à nouveau un déclencheur. Reprenez si nécessaire la liste d'exemples de déclencheurs fournie précédemment (voir p. 68).

Le but de l'exercice est le suivant : à chaque fois que vous serez surpris par votre déclencheur, constatez immédiatement ce à quoi vous êtes en train de penser, et discernez s'il s'agit d'une pensée utile ou d'une pensée parasite.

Faites cet exercice pendant quelques jours et surprenez-vous au moins une bonne dizaine de fois à l'aide d'un ou plusieurs déclencheurs.

Sauf exception, vous allez sans doute constater que la pensée parasite occupe une très grande partie de votre temps de pensées.

Il est nécessaire de sortir de cette situation. En nous concentrant, nous avons déjà appris à quitter volontairement l'enchaînement des pensées. Mais cela ne suffit pas pour libérer notre quotidien de la pensée parasite. Dans un jardin, la mauvaise herbe repousse toujours si l'on se contente de la couper en surface, elle ne repousse pas si on la déracine. De la même manière, pour se libérer de la pensée parasite, il va falloir aller à la rencontre de ce qui la fait naître.

Le lien entre les pensées et l'état intérieur

Commençons par mieux comprendre ce qui se cache derrière une pensée parasite.

La source des pensées parasites

Une pensée parasite est toujours associée à un état de tension intérieure. Cet état de tension est souvent lié à la présence d'une émotion ou plus largement à une sensation de tension interne. En réalité, l'émotion ou la tension interne est la cause des pensées parasites. Sans elle, le mouvement mécanique de la pensée parasite ne se met pas en marche.

Pour bien comprendre le mécanisme, reprenons les trois exemples précédents de pensées parasites mentionnés p. 90 : le rendez-vous important, la porte de voiture mal fermée et la fièvre du petit. Dans chacun des cas, vous constatez que la peur est présente. Imaginez que vous supprimiez purement et simplement la peur, pour une raison ou pour une autre, dans ces trois situations. Naturellement, les pensées parasites cesseront.

Il vous faut maintenant vérifier par vous-même ce point. Il vous faut acquérir une expérience directe de la règle suivante : les pensées parasites trouvent leur source dans un état de tension intérieure généralement dû à une émotion.

EXERCICE

Reprenez l'exercice précédent, faisant appel au déclencheur.

Le but de l'exercice est le suivant : lorsque vous serez surpris par le déclencheur, discernez comme précédemment si vous avez affaire à des pensées parasites ou bien à des pensées utiles.

Si vous vous surprenez en pleine rêverie de pensées parasites, constatez alors le sujet autour duquel sont en train de tourner ces pensées parasites et essayez de découvrir si une émotion se cache derrière. Très souvent, vous allez vite réaliser que tout de suite, en réalité, vous êtes pris par une émotion, peut-être avez-vous peur, êtes-vous triste ou bien en colère...

Pendant les trois prochains jours, à chaque fois que vous allez détecter un fonctionnement en pensées parasites, vous allez de suite essayer de comprendre si une émotion se cache derrière et la nommer. En plus de la nommer, vous pouvez même éventuellement la noter sur un petit carnet.

À ce stade, vous avez sans doute réalisé que nous sommes chaque jour habités par de nombreuses émotions qui alimentent nos pensées parasites. Vous commencez sans doute à constater qu'il y a chez vous certains scénarios répétitifs qui se jouent dans votre pensée, alimentés par certaines émotions spécifiques. Chacun ayant sa propre structure personnelle, les types de scénarios et les émotions sous-jacentes peuvent naturellement varier d'un individu à l'autre.
Les pensées parasites sont souvent liées à des émotions, mais pas toujours. Certains états de tensions internes génèrent naturellement des pensées visant à apaiser cet état de tension interne. Prenons l'exemple de l'énergie sexuelle.

Lorsque des pensées liées à une envie d'ordre sexuel se manifestent en nous, elles sont en fait générées par une tension interne liée à une activation de l'énergie sexuelle en nous. Cette tension interne va naturellement chercher à s'apaiser et c'est ainsi que des pensées vont apparaître en nous afin de nous orienter vers une action ou une situation permettant d'apaiser cette tension. Par exemple, des pensées représentant des relations sexuelles peuvent alors apparaître. Jusqu'ici, tout cela répond à un fonctionnement naturel de la pensée. L'énergie sexuelle monte en nous et la pensée cherche à nous orienter vers une situation répondant à notre besoin. Si, maintenant, nous nous mettons à être envahis de pensées d'ordre sexuel, qui deviennent alors parasites et non plus utiles, il convient de le constater pour l'intégrer par la suite dans notre pratique d'Observation. Dans ce cas précis de l'énergie sexuelle, on comprend bien que la tension interne liée à une montée d'énergie sexuelle en nous peut générer des pensées parasites.

L'observation des émotions et des tensions internes

Il est maintenant temps de partir à la rencontre des émotions et des tensions internes qui alimentent les pensées parasites. Nous les avons nommées, il nous faut maintenant les observer.

EXERCICES

• *Asseyez-vous au calme chez vous dans votre posture de méditation. Commencez par suivre votre respiration avec une attention douce, détendue. Cherchez à maintenir votre attention au contact de la respiration. Si des pensées se présentent, soit vous arrivez à maintenir en même temps votre attention au contact de la respiration, soit vous avez décroché, dans les deux cas, observez le sujet, le thème de ces pensées. Naturellement, vous allez constater que ces pensées sont parasites. Si vous réalisez qu'il y a là une émotion sous-jacente, nommez-la. Si vous ne détectez pas d'émotion, pas de problème.*

Dans tous les cas, le but de l'exercice consiste alors à plonger votre attention à l'intérieur de vous-même pour essayer de trouver les sensations internes qui sont à la source de vos pensées parasites du moment. Cherchez avec votre attention, trouvez ces sensations. La zone située entre la gorge et le bas-ventre, et secondairement le dos, sont les zones où vous pouvez chercher en priorité.

Lorsque vous allez trouver une sensation interne liée à l'émotion ou à la tension interne, posez délicatement votre attention dessus et commencez votre pratique d'observation : maintenez votre attention au contact de cette sensation en la laissant être ce qu'elle est, sans vouloir la changer, en l'observant comme s'il s'agissait d'un élément indépendant de vous que vous découvrez pour la première fois avec grand intérêt, grande vigilance. Maintenez votre attention détendue et ouverte à ce qui peut se passer aux alentours de cette zone d'observation et plus largement dans le reste du corps.

Vous allez sans doute pouvoir ainsi observer des liens, des relations subtiles entre différentes sensations dans le corps.

Après quelques minutes, remontez à la surface, et tirez les enseignements de cet exercice. Une émotion ou une tension interne se cachait derrière ces pensées parasites, vous pouvez aller à sa rencontre et l'observer directement.

- *La prochaine fois que des pensées d'ordre sexuel, parasites ou non, montent en vous et que vous vous trouvez chez vous, allez vous asseoir dans votre posture de méditation et fermez les yeux. Au moment où les pensées d'ordre sexuel apparaissent alors en vous, plongez votre attention en vous et cherchez la source de ces pensées, cherchez la tension interne qui cause ces pensées, cherchez la sensation d'énergie sexuelle.*

Vous pourrez sans doute observer des effets secondaires de cette énergie sexuelle, comme des battements de cœur par exemple. Vous pourrez aussi remonter au contact de cette énergie sexuelle primaire en vous dans le bas-ventre. Goûtez cette énergie, observez-la, goûtez le plaisir qui l'accompagne. Maintenez une attention souple, ouverte sur ce qui peut se passer dans le reste du corps.

Finissez ensuite en suivant, pendant une ou deux minutes, le fil de votre respiration.

Avec les deux exercices précédents, nous entrons de plain-pied dans la pratique de l'Observation Intérieure, à la rencontre de la vie en nous.

Vous l'avez donc compris, derrière les pensées parasites se cache en réalité une émotion ou une tension interne. Ces pensées sont en fait causées par cet état intérieur. Partant de ce constat, nous pouvons redécouvrir ce qu'est un désir.

Qu'est-ce qu'un désir ?

Un désir est une attraction ou une répulsion vis-à-vis d'un objet précis. Ici le mot « objet » étant entendu au sens large, c'est l'objet du désir, il peut s'agir d'une personne, d'une situation, etc. Le plus souvent, nous percevons la surface du désir, c'est-à-dire un enchaînement de pensées visant à satisfaire ce désir. Le rôle de la pensée est en effet de nous permettre d'organiser nos actions pour satisfaire notre désir. Mais, en nous, le désir est avant tout un état de tension interne qui cherche à s'apaiser.

L'attraction ou la répulsion vis-à-vis d'un objet prend sa source dans un état de tension interne indépendant de l'objet du désir. Imaginez que vous supprimiez l'état de tension interne à la base de ce désir, naturellement, le désir pour l'objet aura disparu. En réalité, la satisfaction du désir ne se trouve pas dans l'objet, mais dans l'apaisement de la tension interne.

Imaginez que vous ayez très faim et que vous ayez très envie d'un plat de pâtes. Vous mangez finalement autre chose et vous n'avez donc plus faim. Avez-vous toujours envie du plat de pâtes ?

EXERCICE

La prochaine fois que vous avez faim et que vous êtes chez vous, asseyez-vous dans votre posture de méditation et essayez de sentir les sensations en vous liées à la faim. Privilégiez la zone située entre la gorge et le ventre, en incluant bien sûr ces deux parties-là. Avec une attention douce, observez les tensions, de quoi sont-elles vraiment faites ? Y a-t-il du mouvement au niveau de ces sensations ? Revenez ensuite doucement à la surface.

En dessous de chaque désir se cache donc un état de tension particulier.
Par l'Observation Intérieure, nous allons apprendre à aller à la rencontre de nos désirs, en profondeur.

EXERCICES

- *Asseyez-vous dans votre posture de méditation, chez vous. Pensez à quelque chose qui vous attire, que vous désirez. Plongez alors votre attention en vous-même et essayez de sentir les sensations associées à ce désir. Essayez de percevoir les zones de tension qui demandent à revenir à l'équilibre, à l'apaisement.*
- *Reprenez le même exercice que ci-dessus, mais en pensant cette fois-ci à quelque chose pour lequel vous ressentez de la répulsion.*

Dans notre quotidien, la plupart du temps lorsque nous utilisons les termes « j'aime » ou « j'aime pas », nous signifions en réalité « je suis attiré par cela » ou « je ressens de la répulsion pour cela ». Les « j'aime » et « j'aime pas » de notre quotidien ne sont donc que la traduction d'un état de tension interne suscité par l'objet en question. Nous verrons plus tard que l'amour véritable représente en fait tout autre chose.

Voilà, nous avons maintenant un aperçu de notre paysage intérieur, de ses différentes composantes, ainsi que des liens de causalité existant entre les émotions, les sensations internes d'une part et les pensées d'autre part. Nous réalisons que les désirs et les pensées parasites trouvent leur source dans des émotions et des tensions internes que nous pouvons observer en tournant notre attention vers l'intérieur.

Abordons maintenant de façon approfondie la qualité d'attention, la façon d'observer, qu'il nous faut développer dans notre pratique.

Derrière des pensées parasites se cache généralement une émotion.

À retenir... À retenir...

Un désir, c'est avant tout un état de tension interne cherchant à s'apaiser.

Une observation douce, vigilante et bienveillante

Imaginez que vous vouliez toucher un petit oiseau, que vous souhaitiez qu'il vienne se poser sur votre main et que vous puissiez ainsi le voir de très près. Si vous lui courez après, il s'envolera. Si vous faites du bruit, si vous bougez dans tous les sens, il s'envolera aussi. Si vous mettez des miettes de pain dans votre main et que vous restez immobile, la main tendue, au bout d'un moment, il est fort probable que le petit oiseau vienne chercher une miette. Si vous revenez régulièrement, la main ainsi tendue, le petit oiseau finira par venir manger dans votre main.

Ainsi, nos sensations internes sont comme de petits oiseaux tandis que notre attention douce et bienveillante est comme une main tendue à ces petits oiseaux. C'est ainsi qu'il faut observer, avec douceur, sans action autre que le simple fait d'observer, et bienveillance, comme si notre attention était en elle-même une offrande.

L'attention nourricière

En observant, non seulement nous découvrons ce que nous observons, mais en plus de cela nous apportons de la vie, un souffle de vie, de l'énergie à ce que nous observons. Celui que l'on regarde reçoit à travers notre regard, c'est vrai d'un enfant regardé par ses parents, c'est vrai d'un animal que l'on regarde, c'est vrai d'un artiste sur scène sous l'œil de ses spectateurs... On dit que l'on « donne » de l'attention.

La physique moderne occidentale affirme d'ailleurs de façon catégorique que l'observateur modifie toujours dans une certaine mesure ce qu'il observe.

Lorsque nous observons un phénomène interne en méditation, nous ne cherchons pas à modifier ce que l'on observe, mais le simple fait d'observer attentivement

insuffle de la vie à ce que nous observons, comme le petit oiseau qui se nourrit du pain que nous lui offrons. Nous ne faisons rien de particulier, notre main est simplement tendue avec des miettes de pain. Nous ne cherchons pas à mettre les miettes dans la bouche du petit oiseau, c'est lui qui se nourrit et qui reçoit de la vie, de l'énergie.

Le Soleil ne touche pas la Terre,
pourtant il l'éclaire et lui donne la vie.

Accueillir ce qui est en nous

Nous commençons ainsi à mieux comprendre les vertus de l'Observation Intérieure. Non seulement, nous allons découvrir et comprendre, mais nous allons aussi insuffler de la vie à ce que nous allons observer. En nous, beaucoup de nœuds intérieurs, de crispations, de tensions et de blocages attendent ce souffle de vie, cette attention bienfaisante.

Imaginez un petit enfant triste, seul dans son coin. S'il ne reçoit pas d'attention, il restera avec sa tristesse. Si un adulte bienveillant vient vers lui et lui donne de l'attention : « Alors, qu'est-ce qui ne va pas ? Raconte-moi », l'enfant pourra s'exprimer et se libérera ainsi de sa tristesse. À l'intérieur de nous se cache aussi un enfant qui attend de pouvoir se confier, qui attend notre retour.

EXERCICE

Installez-vous dans votre posture de méditation et branchez votre minuteur sur 10 minutes. Placez votre réveil ou votre minuteur sous un coussin ou un vêtement si la sonnerie est trop forte. Cette sonnerie devrait être suffisamment forte pour que vous l'entendiez clairement quand elle se déclenche, mais pas trop forte afin de vous permettre de poursuivre quelques instants si nécessaire votre pratique, le temps de revenir en douceur à la surface.

Fermez les yeux et essayez de vous remémorer le dernier épisode, aujourd'hui ou dans les jours précédents, où vous avez senti une émotion en vous : colère, tristesse, peur, joie ou autres. Repensez à la scène que vous avez vécue jusqu'au moment où vous sentez que l'émotion ou tout du moins un état de tension interne se remet en place en vous. Si aucune émotion ou aucune tension interne n'apparaît en vous remémorant cet épisode, remontez à un épisode antérieur jusqu'à ce que vous en trouviez un accompagné d'une émotion. Dans un premier temps, choisissez un épisode lié à une émotion qui ne soit pas trop forte.

Lorsque l'émotion ou la tension interne apparaît, plongez votre attention en vous-même à la recherche des sensations internes qui se lèvent en vous. Privilégiez la zone située entre la gorge et le ventre, et secondairement le dos.

Une fois que vous avez localisé des sensations qui sont en lien avec cette émotion, observez-les avec une attention douce, ouverte et bienveillante. Maintenez votre attention ouverte sur la zone environnante et même plus largement sur l'ensemble du corps si possible. Laissez les sensations s'exprimer, laissez-leur dire ce qu'elles ont à dire. Si des pensées viennent, laissez venir, laissez filer, n'y prêtez pas attention. Maintenez votre observation sur les sensations, laissez-les changer, se transformer, se diffuser.

Quand le minuteur sonne, revenez suivre votre respiration pendant une ou deux minutes avant d'ouvrir les yeux.

Lorsque nous observons ce qui se passe en nous, il nous faut développer une attitude d'ouverture et d'accueil à tout ce qui se présente. Quelles que soient les sensations internes et les émotions qui se lèvent en nous, notre rôle consiste à les observer. L'observation ne privilégie donc pas les sensations agréables en essayant d'ignorer ou de fuir les sensations désagréables. L'observation ne choisit pas, elle se contente d'accueillir ce qui est là, tel que c'est.

Imaginez une mère aimante avec son tout-petit. Qu'il soit en colère, qu'il soit tendu, triste, joyeux, angoissé, blessé, excité... la mère aimante accueillera toujours son petit. De la même façon, nous devons accueillir tout ce qui se présente en nous. Comment pourrions-nous être en paix en rejetant une partie de nous-mêmes ?

Notre Observation Intérieure vise à installer un état de réceptivité totale, profondément pacifique. Quoi qu'il arrive, quoi qu'il survienne, je suis d'accord. Ainsi, nous développons une attitude d'ouverture qui va permettre à ce que nous portons en nous de s'épanouir.

EXERCICE

Installez-vous dans votre posture et fixez votre minuteur pour une durée de 5 minutes.

Vous allez commencer par suivre pendant quelques instants le fil de votre respiration, puis laissez votre attention totalement ouverte à ce qui peut se passer en vous. C'est comme si vous entriez dans une salle de cinéma sans savoir du tout ce qui va se projeter, vous n'avez aucune idée du film qui va se jouer.

Vous lâchez le fil de la respiration et vous faites le grand saut, vous vous ouvrez totalement, sans retenue aucune à ce qui monte en vous. Vous laissez la vie faire son spectacle. Qu'il s'agisse d'un film d'amour, de guerre, d'horreur, d'une comédie, d'une tragédie, vous ne quittez pas votre siège. Votre seule tâche consiste à ne pas vous laisser embarquer dans les pensées. Si cela survient, vous ramenez votre attention sur la respiration puis vous sautez à nouveau en vous-même.

Quoi qu'il apparaisse en vous, vous ne triez pas, vous ne choisissez pas, vous contemplez tout. Il n'y a rien à réussir. À partir du moment où vous faites l'effort de ne pas vous faire embarquer par vos pensées, vous avez accompli votre tâche, tout le reste n'est que pure jouissance du spectacle, quel qu'il soit.

En acceptant ce qui monte en vous pendant la méditation, vous vous acceptez vous-même. Lorsque nous refusons d'entendre certaines parties de nous-mêmes, parce que les écouter nous semble désagréable, nous installons le conflit en nous. Sur des tensions qui cherchent à s'exprimer et se détendre, nous ajoutons une tension visant à empêcher leur expression. À mesure que ces tensions s'accumulent, nous ressemblons de plus en plus à une Cocotte-minute sous pression qui se met à siffler. Installer une attitude d'acceptation en nous va permettre de pacifier les conflits qui existent en nous. Ce travail intérieur va peu à peu porter ses fruits dans notre vie quotidienne, nous allons de plus en plus nous accepter et être détendus avec nous-mêmes tels que nous sommes.

Imaginez une famille où les enfants n'ont pas le droit de s'exprimer quand ce qu'ils disent ou ressentent est jugé désagréable par les parents. Les enfants ne peuvent pas confier leurs peines, leurs colères, leurs peurs à leurs parents car ceux-ci ne veulent pas être en contact avec ces émotions-là. Imaginez un peu la disharmonie, les conflits qui se préparent, le chaos qui va régner dans une telle famille lorsque les enfants auront accumulé en eux trop de tensions profondes et potentiellement explosives.

Soyons un bon parent pour nous-mêmes et donnons la parole à toutes les parties de nous-mêmes, afin qu'advienne l'harmonie en nous.

À retenir... À retenir...

Observer avec une attention douce, vigilante et bienveillante donne de la vie à ce qui est observé et de la connaissance à celui qui observe.

Bien observer, c'est observer tout ce qui se présente, sans préférence.

Le méditant courageux

Rappelons-nous, ensemble nous avons constaté que les pensées parasites naissent d'émotions et de tensions internes. Les pensées parasites cherchent en fait des solutions pour apaiser cet état de tension en nous. C'est bien naturel d'avoir envie de retrouver un état paisible lorsque nous sommes tendus. Ainsi, une tension interne générera des pensées visant à créer une situation où la tension disparaîtra.

Si des pensées parasites viennent de façon si compulsive, c'est qu'en réalité, nous ne supportons pas l'état de tension qui se cache derrière, nous ne supportons pas de ressentir cette tension ou cette émotion et nous cherchons coûte que coûte à la faire disparaître. Si vous êtes parfaitement à l'aise avec une tension intérieure ou une émotion, naturellement, les pensées visant à faire disparaître cette tension ou cette émotion ne monteront plus en vous compulsivement, puisqu'il ne sera plus question de chercher absolument à supprimer cette sensation interne.

Les pensées parasites cherchent à supprimer l'émotion

Reprenons l'exemple de la maman qui doit partir en vacances en famille, mais dont le petit semble être malade le matin du départ. Dans deux heures, elle verra le médecin avec le petit. Supposons que cette mère soit alors soumise à des pensées parasites concernant cette situation, derrière se cache la peur. Les pensées parasites envisagent alors différents scénarios : « On va trouver une solution, ça va s'arranger », « J'aurais dû mieux le couvrir ce week-end, on aurait dû faire autrement », « C'est grave, on ne va pas pouvoir partir » font partie des thèmes principaux qui se succèdent alors dans sa tête. Observons que, dans tous les cas, les différents scénarios visent à faire disparaître la peur.

• Dans le cas « On va trouver une solution, ça va s'arranger », c'est évident, les pensées cherchent à supprimer la situation problématique, ce qui fera donc disparaître la peur.

• Dans le cas « Je ou on aurait dû faire autrement », les pensées cherchent à créer un monde virtuel, un monde parallèle différent du monde réel, où la situation angoissante est éliminée : « Si on avait fait autrement, la situation ne serait pas ce qu'elle est et je n'aurais plus peur. »

• Dans le cas « C'est grave, on ne va pas pouvoir partir », c'est aussi toujours vrai, les pensées modélisent en fait le scénario dont on a peur. Une fois que l'on se retrouve effectivement dans la situation qui au départ nous faisait peur, on n'en a plus peur, on est peut-être triste, en colère, mais l'heure n'est plus à la peur puisque la situation que l'on cherchait à fuir s'est maintenant produite. Ainsi, dans le cas « C'est grave, on ne va pas pouvoir partir », les pensées cherchent également à supprimer la peur en représentant, en modélisant le scénario dont on a peur.

Vous avez peut-être déjà fait des rêves où vous étiez poursuivi. Dans votre rêve, vous aviez peur. En cherchant à échapper à vos poursuivants, vous cherchiez à échapper à votre peur. Parfois, dans ce type de rêve, la peur de nous faire rattraper par nos poursuivants est si insupportable que l'on préfère abandonner notre fuite et nous faire rattraper, et dans ce cas-là, la peur disparaît aussi.

Ainsi, lorsque nous sommes pris par des pensées parasites liées à la peur, nous cherchons à supprimer cette peur. Une succession sans fin de scénarios visant à supprimer la peur peut alors s'enchaîner dans notre tête : scénarios où nous échappons à la situation qui nous fait peur, scénarios où nous imaginons une autre situation à la place de la situation qui nous fait peur, scénarios où ce qui nous fait peur s'est déjà produit…

EXERCICE

Cherchez un exemple de certaines pensées parasites liées à la peur, à une angoisse, que vous avez observées en vous. Constatez à quel point les pensées cherchent en fait des solutions pour faire disparaître cette peur. Observez les différents scénarios et essayez de comprendre en quoi ces différents scénarios cherchent toujours à faire disparaître la peur u'il y a en vous.

Vous pouvez, si vous le souhaitez, poursuivre ce travail avec la tristesse et la colère et observer comment les pensées parasites associées cherchent à faire disparaître ces émotions. Réfléchissez-y, en prenant des exemples personnels.

Vous serez peut-être surpris de découvrir que des pensées parasites peuvent aussi accompagner la joie. Des rêveries agréables où nous imaginons toutes sortes de scénarios joyeux, où nous obtenons des choses que nous souhaitons, s'imposent parfois à nous de façon parasite sans que l'on puisse arrêter le mécanisme. En étant vigilants, nous pourrons découvrir qu'il se cache derrière un refus de ressentir directement une émotion de joie qu'il y a en nous. Si nous nous autorisons à ressentir directement la joie, ces pensées parasites disparaîtront.

Ce qui est vrai pour les émotions l'est aussi pour de simples sensations de tensions internes. Parfois, un nœud dans la gorge ou dans le plexus solaire, une pression sur le cœur peuvent générer toutes sortes de pensées parasites visant à faire disparaître cette tension. Nous ne supportons pas cette sensation interne et nous cherchons à la fuir.

Pourquoi une telle fuite devant le ressenti ?

Notre histoire personnelle et l'éducation que nous avons reçue ont inscrit en nous l'habitude de fuir nos différentes émotions, de les refouler quand elles montent en nous.
En y portant attention, vous pouvez découvrir comment notre façon de nous adresser aux enfants les incite à refouler leurs émotions, et ce quotidiennement :
– « Mais il ne faut pas pleurer comme ça, c'est pas grave... » ou encore « Ah non, tu ne vas pleurer ! » ou « Promets-moi de ne pas pleurer » ou « Un grand garçon comme toi, ça ne pleure pas », etc.
– « Allons, allons, il ne faut pas se mettre en colère, calme-toi, tu es devenu fou ou quoi ! »
– « Mais il ne faut pas avoir peur comme ça, ce n'est rien du tout. »

À bien y réfléchir, peut-être que nous aussi nous utilisons mécaniquement ce genre de formules avec les enfants ?

Peut-être avez-vous également entendu ce genre de phrases quand vous étiez enfant ?

Il existe un parallèle direct entre notre façon de gérer notre vie intérieure et l'éducation des enfants. Dans les deux cas, on cherche à aider la vie à grandir et la gestion des émotions y joue un rôle clé. Au lieu de réprimer les émotions de l'enfant comme dans l'exemple précédent, il faut le laisser s'exprimer tout en l'accompagnant avec bienveillance :

– « Tu pleures, tu es triste... Tu peux pleurer si tu veux, si cela te fait du bien. Est-ce que tu veux que l'on parle de ce qui te rend triste ? Qu'est-ce qui ne va pas ? »
Ce n'est qu'après avoir accueilli ainsi l'émotion de l'enfant, après avoir compris ce qui le touche comme ça, que l'on peut ensuite essayer de trouver des solutions avec lui pour remédier à la situation.

– « Tu es très en colère, tu n'es pas content... Qu'est-ce qui t'énerve comme ça ? »
– « Tu as peur, qu'est-ce qui te fait peur comme ça ? » C'est toujours à partir de l'acceptation de l'état de l'enfant qu'on peut ensuite essayer de le rassurer.

Fort de ces quelques constats, nous comprenons mieux comment se développe en nous ce mécanisme de fuite devant les émotions, de refoulement. Précisons que cette éducation « répressive » sur les émotions n'est en fait que le reflet d'un mécanisme fondamental : la tendance à fuir la tension pour rechercher l'équilibre et la sérénité. Les parents cherchent simplement à supprimer la tension qu'ils perçoivent chez l'enfant. Le but recherché est parfaitement naturel, mais la méthode ne fonctionne pas et donne de très mauvais résultats à long terme.

Dans l'histoire personnelle de chacun, certains épisodes que nous avons vécus difficilement contribueront également à installer ce mécanisme de fuite et de rejet du ressenti. Dans la suite de l'ouvrage, nous reviendrons en détail sur les liens existant entre notre histoire personnelle et notre vie émotionnelle.

Pour l'instant, contentons-nous de constater que notre fuite dans les pensées est en réalité une fuite devant notre ressenti. Nous ne supportons pas un état de tension interne et nous cherchons à en échapper par la pensée.

Nous réalisons alors que notre vie quotidienne consiste en grande partie à nous fuir nous-mêmes, à fuir ce qui monte en nous. La méditation propose d'arrêter cette fuite et de se retourner pour rencontrer ce qu'il y a réellement en nous. Voilà donc le courage du méditant, il fait face, il a le courage de ressentir.

Ce courage est vite récompensé par une compréhension importante. Ce que nous tentions de fuir avec tant d'énergie ne peut en réalité nous faire aucun mal. Assis dans votre posture de méditation, que risquez-vous ? Rien. Ressentir de la peur peut-il vous faire du mal ou vous mettre en danger ? Pas le moins du monde. De même pour la tristesse, la colère, la joie et les autres émotions, les ressentir n'a jamais blessé personne.

Ressentir pleinement une émotion signifie la laisser s'exprimer, puis elle disparaît d'elle-même. Une fois qu'un grand orage s'est dissipé, il laisse place à un ciel limpide. En ressentant une émotion, vous détendez une tension.

Le véritable danger se trouve dans l'attitude de fuite permanente devant le ressenti. Les tensions s'accumulent et la situation interne devient disharmonieuse, conflictuelle, parfois explosive, jusqu'à conduire à la maladie, à l'accident ou à d'autres drames.

En méditant, nous découvrons donc que nous pouvons entrer en amitié avec la peur, la tristesse, la colère, la joie, avec tout ce qui se passe en nous. Nous cessons de nous fuir nous-mêmes et nous nous découvrons.

À retenir... À retenir...

Notre histoire personnelle
et notre éducation nous ont conditionnés
à fuir le ressenti
de nos émotions.

Quand une émotion
monte en nous,
les pensées parasites
inventent des scénarios
pour la supprimer.

Méditer,
c'est arrêter de fuir
notre ressenti et aller
à sa rencontre.

Mettre en place une pratique régulière

De la même façon que nous avions installé une pratique quotidienne de Concentration, nous allons maintenant installer quotidiennement notre pratique d'Observation Intérieure. Vous pouvez maintenir le même horaire pour votre méditation, la même assise, les mêmes conditions, la seule chose qui va changer est la pratique en elle-même.

Souvenons-nous, lorsque nous débutons dans la pratique d'Observation Intérieure, nous avons toujours la possibilité de retrouver le fil de notre respiration lorsque nous nous sentons partir vers nos pensées. Ainsi, nous pouvons toujours nous appuyer sur la base solide que nous avons construite grâce à la Concentration.

Le but du jeu, lorsque nous pratiquons l'Observation Intérieure, est d'observer et de découvrir ce qui se passe en nous, comme nous l'avons décrit dans les chapitres précédents.

Pour entrer dans la session

Pour nous aider à entrer dans notre session quotidienne, nous pouvons fermer les yeux et nous poser une question clé qui nous guidera vers l'intérieur : « Aujourd'hui, maintenant, comment est-ce que je me sens ? – À l'aise, tendu, triste, gai, angoissé... ? »
De façon très simple, cherchez à cerner votre état du moment. À partir de là, plongez en vous-même pour trouver les sensations liées à cet état intérieur.
Si, au moment où vous vous asseyez pour votre session, vous sentez des pensées parasites venir à vous, cherchez leur source en vous-même, trouvez l'émotion ou la tension interne qui en est la cause. C'est également un bon moyen pour entrer dans votre session de méditation.

Une fois entré dans votre session, laissez-vous porter par les sensations qui montent en vous, sans décrocher vers les pensées.

Pour gérer un point de tension

Voici deux conseils pratiques :

- Lorsque vous percevez en vous une sensation de tension relativement prononcée, un nœud dans la gorge par exemple, ne focalisez pas toute votre attention sur cette sensation. Ne crispez pas votre attention en excluant de votre champ de perception d'autres sensations du corps. Laissez cette sensation dans la gorge être ce qu'elle est, en lui permettant d'être en lien avec d'autres parties du corps, le cœur, la tête, le plexus par exemple.
- Lorsque vous percevez une tension relativement forte, ne cherchez pas à la supprimer, à la modifier par vous-même. En reprenant l'exemple du nœud dans la gorge, laissez-le dire ce qu'il a à dire sous l'œil bienveillant de votre attention. Parfois, le simple fait d'observer avec une attention douce et bienveillante peut dénouer des nœuds. On sent alors l'énergie bloquée qui se met à circuler pour laisser ensuite un espace paisible. Parfois, même en observant avec une attention douce et bienveillante, le nœud ne se résorbera pas de lui-même et la tension semblera se maintenir. Acceptons-le sans nous crisper et ouvrons plus largement notre attention pour observer aussi d'autres sensations en nous.

Une attention douce et bienveillante permet de détendre ce qui est tendu, d'accueillir ce qui cherche à s'exprimer. Comme évoqué dans le conseil ci-dessus, certaines tensions ne se détendront pas après seulement quelques minutes d'Observation Intérieure. Imaginez un enfant qui a vécu un traumatisme fort, il mettra sans doute plusieurs jours ou plusieurs semaines avant de se livrer à une personne qui lui témoigne affection et bienveillance. Il en va de même avec certaines tensions en nous, elles sont plus profondes que d'autres et exigeront de nous plus de patience et d'attention.

Néanmoins, ne nous décourageons jamais. Même si l'enfant traumatisé n'accorde sa confiance qu'au bout de plusieurs semaines, chaque jour où la personne bienveillante est venue vers l'enfant a compté dans le processus de guérison, et ce, même si les effets n'étaient pas immédiatement observables. Ainsi, à chaque fois que nous approchons une tension profonde avec une attention douce et bienveillante, nous faisons un pas en avant, même si le résultat ne nous semble pas perceptible immédiatement.

Combien de jours le soleil doit-il illuminer l'arbre avant que les fruits n'apparaissent ?

Que faire avec les énergies subtiles ?

Comme nous l'avons évoqué dans un chapitre précédent, notre pratique d'Observation Intérieure va aussi nous amener à découvrir des énergies subtiles. La découverte de celles-ci élargit notre vision du monde, notre compréhension de la réalité dont nous faisons partie. Elles signalent aussi le développement de notre sensibilité et un accès à une plus grande profondeur en nous. Certaines disciplines comme le yoga peuvent parfois intégrer dans leur enseignement des descriptions très précises sur les énergies subtiles : leur fonctionnement, les canaux de circulation, les centres de communication énergétique entre l'extérieur et l'intérieur du corps énergétique... Et le méditant peut, par son expérience intérieure, vérifier cette connaissance.

Une telle connaissance peut fournir une base très solide pour des méditants. Si vous avez l'âme d'un yogi désireux d'explorer ce domaine à fond, bien sûr allez-y. Néanmoins, il n'est pas indispensable d'acquérir un savoir exhaustif en matières d'énergies subtiles. L'essentiel est de comprendre quelques principes de base, d'intégrer dans sa vision du monde l'existence de ce niveau subtil et de développer une sensibilité dans ce domaine. Cela suffit pour progresser dans cette étape de la méditation.

Ainsi, lorsque les sensations subtiles se présentent dans votre méditation, ne cherchez pas à les catégoriser, à développer une connaissance de tous les mécanismes en jeu, contentez-vous de les observer, de les laisser vivre, de les laisser s'exprimer, c'est là l'essentiel. Bien sûr, vous aurez peut-être envie de structurer un peu votre connaissance des énergies subtiles, par la lecture et en faisant le lien avec votre ressenti. N'hésitez pas si vous en sentez l'envie.

La compréhension

L'Observation Intérieure va peu à peu nous donner une meilleure compréhension de nous-mêmes, de notre fonctionnement, des différentes composantes de notre paysage intérieur. Cette compréhension, alliée au développement de notre sensibilité intérieure, va nous permettre de grandir, de mûrir et de nous épanouir.

À la fin d'une session d'Observation Intérieure, prenez un moment pour bien comprendre et intégrer ce que vous avez vécu pendant votre méditation. Notez bien les caractéristiques personnelles que vous avez pu observer pendant votre session, les émotions particulières, les scénarios de pensées parasites qui y sont éventuellement liés. Notez aussi les compréhensions d'ordre général que vous avez pu faire, sur le fonctionnement des émotions, sur la façon d'observer, sur la structure intérieure de l'être humain... Vous pouvez éventuellement avoir un cahier dans lequel vous notez ces différentes compréhensions. Il est important que vous preniez le temps d'intégrer ce que vous vivez en méditation.

La fréquence des sessions de méditation

Continuez à pratiquer quotidiennement, en essayant maintenant de vous fixer une durée minimum de 10 minutes par session, afin de permettre à l'Observation de se stabiliser dans votre profondeur. Peu à peu, vous pourrez augmenter la durée. Entre 20 et 30 minutes quotidiennes constituent déjà un bon rythme.

Rappelons aussi que nous avons tous des prédispositions différentes, des facilités différentes, à entrer en méditation. Ne nous comparons pas les uns aux autres. Certains méditeront avec facilité deux fois 30 minutes par jour, tandis que d'autres ne méditeront que 20 minutes par jour. Soyons habiles avec nous-mêmes, l'essentiel étant de maintenir une pratique régulière.

Si vous sentez parfois que cela vous est pénible de vous installer pour méditer, vous pouvez tourner cet obstacle en opportunité en décidant d'observer et de laisser monter en vous ce mécontentement et sans doute cette colère. Vous aurez alors progressé en vous libérant d'une obéissance mécanique à une tension interne, d'une obéissance à cette répulsion que vous ressentiez pour cette session de méditation, et vous aurez ainsi fait un pas de plus vers votre liberté.

Vous voilà maintenant bien lancé. Pratiquez quotidiennement votre méditation, pour vous, pour vos proches, pour le bonheur de tous.

Félicitations, vous connaissez maintenant les bases de la méditation. De la Concentration, vous êtes passé à l'Observation Intérieure. Jusqu'à maintenant, c'est uniquement par vous-même, par votre propre détermination que vous avez avancé dans la pratique. Vous allez maintenant découvrir qu'il existe des aides facilitant votre pratique et votre progression.

Ces aides nous seront utiles dans la poursuite de notre ascension.

À retenir... À retenir...

Ne pas se crisper sur une tension interne, et lui donner le temps de s'épanouir.

Après une session de méditation, prendre un moment pour intégrer ce que nous y avons découvert.

Les premières aides à la méditation

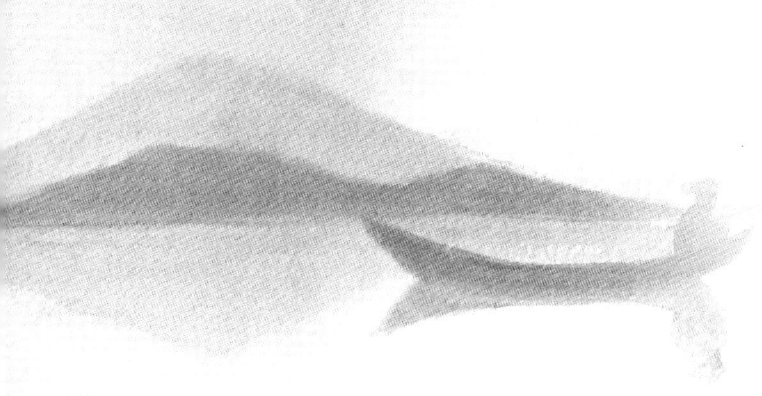

La nature

Les arbres, les plantes et les fleurs ne pensent pas et nous pensons trop. Dans la nature règnent des odeurs, des couleurs, des sons, des sensations... mais pas de pensées.

Se promener dans la nature, c'est vivre quelques instants dans un environnement paisible, non soumis au rythme frénétique des pensées. Cela ne signifie pas nécessairement que nos pensées se calmeront immédiatement au contact de cet environnement paisible. Il est même possible que nous percevions de façon encore plus aiguë l'omniprésence de nos pensées, le décalage avec le calme de l'environnement les faisant ressortir d'autant plus. Alors, c'est là une belle occasion de sentir à quel point une machine a pris possession de notre tête, machine fonctionnant en permanence sans être capable de s'ajuster à son environnement : au milieu d'une belle clairière, parsemée de petites fleurs, vous pensez à la révision de votre voiture ou au restaurant auquel vous vous rendrez ce soir...

Des échanges énergétiques

Au-delà de cette prise de conscience, il se passe néanmoins quelque chose lorsque nous nous rendons dans la nature, qu'on le sente ou non. À mesure que les pensées se calmeront en vous et que le ressenti se développera, vous pourrez constater les modifications qui s'opèrent en vous lorsque vous vous rendez dans la nature. Des ajustements ont spontanément lieu en nous, notre énergie interne entre en contact avec l'énergie qui règne dans cet environnement naturel. Le rythme paisible de la nature nous tire vers lui, des tensions internes se détendent spontanément.

Si vous vous asseyez adossé à un arbre, ne croyez pas que seul votre corps physique est en contact avec l'arbre, en réalité votre énergie personnelle, qui anime votre corps physique, baigne dans l'énergie de l'arbre qui se répand tout autour de lui. Toutes sortes d'échanges ont lieu entre votre énergie et celle de l'arbre. Si vous avez développé suffisamment de sensibilité interne, vous pourrez percevoir très

distinctement des échanges, des contacts entre votre énergie et celle de l'arbre. Cela peut apparaître comme de la science-fiction pour quelqu'un n'ayant jamais entendu parler de méditation, mais cela paraît tout naturel à quelqu'un qui a développé sa sensibilité par l'Observation Intérieure.

EXERCICE

La prochaine fois que vous vous rendrez dans la nature, choisissez un bel arbre qui vous inspire, que vous trouvez beau, attractif. Vous pouvez vous asseoir en position de méditation le dos contre le tronc ou bien l'enlacer. Fermez les yeux et faites votre pratique habituelle d'Observation Intérieure. Ouvrez pleinement votre attention à ce qui peut se passer dans tout votre corps, sans attendre quoi que ce soit de particulier et observez. Restez comme cela au moins 5 minutes.

Si vous n'avez rien ressenti de particulier, poursuivez tranquillement votre pratique à la maison et revenez essayer de temps en temps, en changeant d'arbre.

Si vous avez ressenti ce contact énergétique avec l'arbre, vous avez sans doute apprécié la grandeur de ce moment. Vous ne verrez sans doute plus jamais la nature comme avant.

Si vous avez beaucoup apprécié cette expérience, vous pouvez la renouveler autant que vous le souhaitez.

Forts de cette expérience, nous comprenons qu'il se passe quelque chose lorsque nous sommes dans la nature, un profond échange contribuant à notre équilibre. En effet, la nature baigne dans un équilibre spontané tandis que nous vivons dans un intense déséquilibre, dont les tensions accumulées et refoulées en nous sont la source. Au contact de l'équilibre naturel, notre déséquilibre interne est spontanément tiré vers l'équilibre.

À chacun ses affinités

Chacun d'entre nous a une structure particulière, et nous avons tous des dispositions spécifiques vis-à-vis des différents environnements naturels. Certains se sentiront particulièrement bien en forêt, tandis que d'autres auront absolument besoin d'être près d'une étendue d'eau, certains apprécieront la haute montagne et d'autres les prairies vallonnées.

Nous avons tous une structure énergétique particulière et les différents environnements naturels ont eux aussi des caractéristiques énergétiques particulières. La rencontre d'une personne et d'un environnement peut donc être plus ou moins harmonieuse. Il nous appartient donc de bien sentir quels sont les environnements naturels qui nous attirent et de les fréquenter régulièrement.

De façon encore plus précise, certaines personnes se sentiront plus d'affinités avec certains arbres que d'autres, et ici aussi il convient de bien s'écouter.

La fréquentation régulière d'un environnement naturel qui nous convient va contribuer à notre équilibre, va contribuer à calmer notre frénésie mentale, à détendre des tensions internes qui alimentent cette frénésie.

Si vous en avez la possibilité, essayez chaque jour d'être en contact avec la nature, ne serait-ce que pour une courte marche.

Notre environnement immédiat

La méditation vise, entre autres, à ramener en nous une profonde détente. Notre environnement proche favorise-t-il cette détente ?

Les grandes villes modernes

L'état de tension dans lequel nous vivons, notamment dans les grandes villes modernes, fait qu'il est même difficile à certains de s'asseoir 5 minutes sans bouger en se concentrant. Naturellement, les tensions de la ville se diffusent en nous. Le bruit des automobiles, les Klaxons, les sollicitations permanentes des publicités, la foule, les déplacements en métro ou en voiture, la pollution, le stress ambiant, la course à la production et à la consommation... sont autant de sources de tensions pour les habitants des grandes villes. Nous ne réagissons pas tous de la même façon à cette tension ambiante, certains ne peuvent pas la supporter plus d'une journée, d'autres s'en accommodent et sont même dynamisés par cette tension.

Néanmoins, lorsque nous vivons dans un tel environnement, il nous appartient de nous interroger sur la façon dont cet environnement nous influence. Si nous sentons que nous avançons bien dans notre pratique de méditation, pas de problème. Si nous sentons que nous avons du mal dans notre progression, il convient de nous interroger : le surplus de tension lié à l'environnement me permet-il de me tourner vers l'intérieur pour ma pratique quotidienne ? Y a-t-il en moi comme une agitation de fond qui m'empêche de stabiliser mon attention ?

Nous avons évoqué précédemment les qualités équilibrantes de la nature. Évidemment, les grandes villes modernes où la nature se trouve presque totalement exclue ne peuvent pas jouer ce rôle équilibrant. En général, elles contribuent plutôt à apporter un surplus de tension en nous.

L'emplacement précis de notre habitation joue également un rôle. Si vous vivez dans un appartement donnant sur un carrefour bruyant, vous êtes nécessairement influencé par la tension ambiante du carrefour. Klaxons, freinages, accélérations, de temps à autre des accidents, tout cela met notre corps en tension et n'invite pas à la détente intérieure. De plus, l'agitation extérieure peut également créer une distraction permanente nous empêchant de nous tourner aisément vers l'intérieur, l'attention étant constamment sollicitée et tirée vers le monde extérieur. Un appartement calme et lumineux, donnant sur un peu de verdure, offrira naturellement un cadre plus propice au retour à soi.

L'influence de l'énergie du lieu

En Asie, et notamment en Chine et en Inde, depuis plusieurs millénaires, certaines disciplines traitent du choix et de l'aménagement des lieux de vie, non d'un point de vue architectural, mais d'un point de vue énergétique. Notre cadre de vie y est considéré comme un environnement énergétique venant se combiner plus ou moins harmonieusement avec notre énergie personnelle. En Occident, le corps physique nous apparaît comme un sac de peau étanche, nous séparant du monde extérieur. En réalité, les énergies subtiles peuvent circuler entre notre être et l'environnement, elles peuvent aussi se modifier, s'ajuster au contact les unes des autres. Ainsi, nous baignons dans les énergies de notre lieu de vie et sommes influencés par elles.

EXERCICE

Installez-vous dans votre posture de méditation et fermez les yeux.

Entamez une session d'Observation Intérieure et portez votre attention sur une zone de votre choix. En laissant votre attention au contact de cette zone, laissez des perceptions d'énergies subtiles apparaître et contemplez-les. Constatez que l'enveloppe du corps physique, ses contours, n'apparaissent pas pendant cette méditation. Tout au plus, vous pouvez penser à ce contour, essayer d'en ressentir de façon diffuse une partie, mais en réalité, quand vous êtes installé dans votre pratique d'Observation Intérieure, les limites du corps ne sont pas là.

L'enveloppe du corps n'est alors qu'une image mentale, une pensée, et si cette pensée n'est pas là, constatez que l'enveloppe du corps n'existe tout simplement pas pour vous à ce moment-là.

Si vous avez effectivement fait l'expérience proposée dans l'exercice précédent, vous avez découvert que cette bulle dans laquelle semble nous confiner notre corps, délimitée par les contours de notre peau, n'est qu'une barrière apparente. Dans la profondeur, la barrière du corps physique n'existe pas. Ainsi, la communication énergétique entre soi-même et le monde devient une évidence. Nous sommes beaucoup plus perméables au monde environnant que ce que nous croyons lorsque nous nous imaginons enfermés dans notre corps physique.

Ainsi, notre environnement de vie constituera une influence plus ou moins favorable à notre équilibre personnel et à notre avancée dans la méditation. Bien sûr, il s'agit d'une influence parmi d'autres. N'allons pas croire que nous progresserons obligatoirement à grands pas si nous vivons dans une maison dans la nature et que nos méditations seront impossibles dans un appartement situé sur un boulevard d'une grande ville. D'autres paramètres peuvent bien sûr jouer sur nous. Néanmoins, cette influence de notre environnement existe et il convient d'en prendre compte. Essayez donc de vous interroger sur votre lieu de vie et de voir s'il vous soutient dans votre cheminement personnel.

EXERCICE

- *Est-ce que je me sens bien chez moi, détendu ?*
- *Comment est la santé des habitants dans ce lieu ?*
- *Est-ce que je dors bien ? Est-ce que je me sens frais et dispos au réveil ?*
- *Est-ce qu'il se passe de bonnes choses dans cette habitation ?*
- *Est-ce qu'il y a suffisamment de lumière, qu'en est-il du bruit ?*
- *Comment est l'environnement extérieur immédiat, porteur ou non ?*

La nature est-elle présente ou proche ?

Éveillez ainsi votre conscience du lieu dans lequel vous vivez. Éveillez votre sensibilité, votre ressenti du lieu. Si vous le souhaitez, renseignez-vous un peu sur les disciplines traitant des espaces de vie et de leur aménagement. Il existe tant de paramètres à prendre en compte qu'ils ne peuvent bien sûr pas être abordés ici.

Mais sachez que tous les éléments de l'environnement proche peuvent être pris en compte : les couleurs, les dispositions, les orientations, les matériaux, les formes, l'utilisation des espaces, les objets, les champs électromagnétiques, l'influence de ce qui se trouve sous le sol, etc.

Chaque habitation, chaque pièce, peut faire l'objet d'aménagements adéquats, qui dépendront naturellement de la personnalité, des besoins et des activités des habitants. En essayant de créer un lieu qui soit harmonieux pour nous, nous créons naturellement une influence favorable au développement de notre harmonie intérieure.

Enfin, notons que si nous sommes effectivement influencés par le lieu dans lequel nous vivons, nous influençons également par notre énergie personnelle l'énergie du lieu. Ainsi, les habitants d'un lieu l'imprègnent toujours plus ou moins de leur énergie propre. C'est une information à prendre en compte lorsque vous choisissez un nouveau lieu. L'énergie personnelle des habitants précédents imprègne encore partiellement l'habitation, même après votre emménagement. C'est aussi une information à prendre en compte dans le choix du voisinage. Dans un immeuble, les murs qui séparent les appartements ne sont pas complètement étanches à l'énergie, et le proche voisinage peut avoir une certaine influence.

Si cette vision de l'environnement proche et de son influence est nouvelle pour vous, ne vous mettez pas la pression concernant votre habitation. Prenez le temps petit à petit d'intégrer cette nouvelle vision. Des ajustements prendront alors place naturellement au fil du temps.

À retenir... À retenir...

Ni la peau
ni les murs ne sont
imperméables
à l'énergie.

Sommeil, nourriture, bonne forme physique

Pratiquer la méditation constitue un changement profond par rapport à nos habitudes de vie. Au tout début, sans entraînement préalable, nous passons notre temps à penser en fuyant notre ressenti. Cette habitude a une grande force d'inertie. Un peu comme un grand paquebot lancé à pleine vitesse, vous aurez beau faire machine arrière toute, il ne s'arrêtera pas avant un bon moment. Pour contrecarrer l'inertie de nos habitudes, il va donc falloir rassembler nos forces. Si nous sommes épuisés, faibles, vidés par trop d'excès, nous ne serons pas en mesure de transformer nos habitudes.

Ainsi pour être capable de quitter l'emprise des pensées puis de partir à la découverte de nous-mêmes, il va falloir rechercher un minimum d'équilibre dans notre vie, de façon à disposer d'une certaine énergie pour notre pratique. Par ailleurs, le simple fait de chercher plus d'équilibre dans notre quotidien amènera naturellement un rythme plus équilibré en nous, ce qui facilitera notre pratique.

Dormir

Dormir suffisamment est important. Ni trop, ni trop peu. Beaucoup d'entre nous, entraînés dans la course du monde moderne, manquent de sommeil. Voyez comme un tout-petit devient vite très nerveux, irritable, lorsqu'il manque de sommeil.

De même, des tensions s'accumulent en nous lorsque nous ne dormons pas suffisamment. Le sommeil a pour fonction le repos du corps, mais il permet aussi tout un ensemble de régulations des tensions internes, des émotions, notamment à travers les rêves ; enfin, la paix du sommeil profond est régénératrice pour notre Être tout entier. Ne pas dormir suffisamment implique donc un surplus de tension en nous.

Cette fatigue peut nous dissuader de nous installer pour méditer. De plus, si nous manquons de sommeil et si nous nous installons pour méditer, le corps peut avoir tendance à produire des rêveries visant à faire le travail de régulation qu'il n'a pas pu faire pendant les rêves de la nuit. Enfin, la fatigue vient créer un voile de tension apportant de la confusion dans notre Observation Intérieure.

EXERCICE

La prochaine fois que vous vous sentez fatigué, en journée ou avant de vous coucher, allez vous installer pour méditer. Fermez les yeux et essayez de sentir en vous les sensations liées à la fatigue : paupières lourdes, tempes pressées, le point entre les sourcils chargé ou d'autres sensations dans le corps. Goûtez à ce désir d'aller dormir en découvrant ces sensations.

Vous avez ainsi eu un aperçu des tensions que peuvent générer l'envie de dormir. C'est un besoin puissant en nous, et il doit être satisfait.

Manger

Bien se nourrir est également important. Ni trop ni trop peu, et surtout avec une nourriture de bonne qualité. Avez-vous remarqué la fatigue que beaucoup de gens ressentent après les fêtes de fin d'année ? L'excès de nourriture et de boissons y est pour beaucoup. On comprend aisément qu'une nourriture déséquilibrée ne génère pas une bonne forme physique et une bonne énergie personnelle.

Voici quelques lignes directrices simples concernant la nourriture :

- mangez régulièrement des légumes et fruits frais, et non surgelés ;
- mangez de la viande 2 à 3 fois par semaine tout au plus ;
- mangez de la nourriture biologique autant que possible ;
- goûtez ce que vous mangez, mâchez bien avant d'avaler, ne mangez pas trop vite ;
- attendez au moins 2 h 30 après avoir mangé avant d'aller vous coucher ;
- mangez sans télévision, sans journaux, sans radio, sans distraction autre que la conversation familiale ou amicale ;

• mangez souvent de la nourriture préparée à la maison. La préparation des repas devrait se faire également sans distraction autre que la conversation familiale ou amicale. Idéalement, la préparation devrait se faire en silence ou tout du moins dans un état de vigilance à ce que l'on fait.

Naturellement, chacun trouvera un régime alimentaire qui lui convient, les besoins pouvant considérablement varier d'un individu à un autre, tant en termes d'aliments que de quantité. Néanmoins, les grandes lignes ci-dessus sont valables pour à peu près tous. Ne vous y trompez pas, c'est bien de la progression dans votre pratique de méditation qu'il s'agit.

Vous trouverez ci-dessous quelques explications concernant chacune de ces recommandations.

L'énergie des aliments

Un fruit ou un légume, lorsqu'il est dans la nature, est quelque chose de vivant. Au-delà de son apparence matérielle se cachent également des énergies subtiles qui animent ce fruit ou ce légume. Exactement comme nous découvrons en nous des énergies subtiles en dessous des apparences de la matière, les fruits et légumes ont eux aussi une vitalité énergétique. Si vous mangez un fruit que vous venez de cueillir sur un arbre, il regorge de cette vitalité. Au fil du temps, après avoir été cueilli, il va peu à peu perdre sa vitalité interne. Ainsi, lorsque nous mangeons des fruits et légumes frais, nous recevons un peu de leur vitalité régénérante. La mise en conserve ou la congélation font disparaître cette énergie subtile et ne laissent qu'une énergie grossière, en lien avec l'apparence physique de l'aliment. Ainsi, les surgelés, même s'ils ont une structure matérielle conforme à l'original du point de vue des molécules, vitamines ou autres, n'ont pas la vitalité subtile des fruits et légumes frais et nous récupérons donc moins d'énergie vitale en les consommant.

La viande

La viande nous apporte des protéines. Les protéines sont indispensables, pas la viande. D'autres peuples vivent très bien avec des régimes végétariens, en trouvant leurs protéines ailleurs que dans la viande. Néanmoins, notre métabolisme a pris certaines habitudes en Occident et il est relativement difficile de se passer de viande sans avoir des carences, à moins d'avoir de solides connaissances en matière de nutrition. Manger de la viande deux à trois fois par semaine est suffisant, en complétant son alimentation avec d'autres sources de protéines. Manger de la viande quotidiennement est fatigant pour l'organisme, car la digestion de la viande requiert beaucoup d'énergie, même si vous ne le sentez pas directement. De plus, cette surconsommation de viande aboutit à un élevage industriel intensif aux conditions souvent épouvantables pour les animaux, élevage nécessitant des ressources considérables en eau et en aliments pour les animaux. D'un point de vue de la gestion des ressources de notre planète, manger de la viande quotidiennement est une hérésie. Saviez-vous que 100 grammes de bœuf dans une assiette nécessitent 10 000 litres d'eau, en comptabilisant notamment toute l'eau nécessaire à cultiver ce qui nourrit le bétail ?

Enfin, signalons que les conditions de vie et d'abattage des animaux affectent la qualité énergétique et même purement physiologique de la nourriture. Essayons donc autant que possible de choisir une viande bio, provenant d'animaux ayant vécu une vraie vie en plein air.

L'alimentation bio

Manger bio est la garantie d'une culture ou d'un élevage sans pesticides, sans engrais chimiques ni produits chimiques. Plus largement, l'agriculture biologique s'accompagne d'une certaine éthique environnementale. Aujourd'hui, les dangers des pesticides et des produits chimiques dans l'alimentation ne sont plus à prouver. Ils affectent notre santé physique sur le long terme, ils polluent également de façon subtile notre vitalité énergétique et, enfin, ils abîment notre environnement.

Goûter avec attention

En prenant soin de bien goûter à ce que nous sommes en train de manger, nous développons notre sensibilité à ce que nous mangeons, ce qui nous guidera petit à petit vers un régime alimentaire adapté à nos besoins. Par ailleurs, nous avons pu constater dans notre pratique d'Observation Intérieure que le simple fait de porter notre attention sur quelque chose lui amène plus de vitalité, d'énergie. Lorsque nous goûtons les aliments, nous amenons notre attention au contact des aliments qui sont dans notre bouche et nous leur apportons un surcroît de vitalité. Ainsi, l'aliment qui arrive dans notre ventre nous apportera plus d'énergie. Enfin, en ne mangeant pas trop vite, nous laissons à notre corps le temps de réagir à ce que nous mangeons, nous sommes disponibles pour recevoir les messages qu'il nous adresse et notamment la sensation de satiété qui nous permet d'arrêter de manger avant de nous suralimenter inutilement.

Manger, digérer puis dormir

La digestion sollicite un grand nombre d'organes. Tout comme nous avons besoin de sommeil, ces différents organes ont besoin de se reposer et de se détendre lorsque nous dormons. Si vous allez dormir juste après avoir mangé, vos organes de digestion vont continuer à travailler en début de nuit au lieu de se reposer. Par ailleurs, votre sommeil lui-même sera moins régénérateur puisque vous continuerez à dépenser de l'énergie pour digérer. La santé des organes joue un rôle important dans notre équilibre personnel et de nombreux liens existent entre notre état émotionnel, notre état de tension intérieure, nos pensées et l'état de nos organes. Les traditions orientales, indiennes et chinoises notamment, ont développé de grandes connaissances sur ces liens existant entre la santé de nos organes et les différentes composantes de notre être. En prenant soin d'attendre 2 h 30 avant d'aller nous coucher après avoir mangé, nous contribuons à améliorer la santé de nos organes et la qualité de récupération de notre sommeil.

Manger au calme

Si nous sommes distraits par la télévision, la radio, les journaux ou autres lorsque nous mangeons, non seulement nous ne sommes pas disponibles pour bien goûter avec attention ce que nous mangeons, mais de plus, notre système physiologique et énergétique est lui aussi perturbé par les informations qu'il reçoit. Si vous mangez en écoutant le journal de 20 heures, sans que vous en ayez conscience, votre corps réagit à ce qu'il entend et cette perturbation altère la qualité de la digestion. Par ailleurs, manger alors que vous êtes exposé à des informations disharmonieuses, difficiles, altère la qualité énergétique de ce que vous mangez. Imaginez que vous êtes en train de manger alors que des violences se produisent juste devant vous. Non seulement, vous digérerez mal, mais vous absorberez aussi une partie de cette violence, car, lorsque nous mangeons, nous nous ouvrons vers l'extérieur et sommes plus perméables aux influences externes.

Cuisiner avec attention

Lorsqu'une personne prépare à manger, si elle est bien attentive à ce qu'elle est en train de faire, cette personne amène par son attention de la vitalité, de l'énergie aux aliments qu'elle prépare. Il s'agit toujours de cette même loi qui veut que l'attention amène de l'énergie et de la vitalité à ce qu'elle observe. En étant vigilant et en développant votre sensibilité, vous pourrez constater par vous-même la différence entre un plat préparé par une personne présente et attentive et un plat préparé de façon tout à fait mécanique, sans attention, ou même en étant absorbé par des informations chaotiques et disharmonieuses. Ainsi, en mangeant régulièrement des plats préparés à la maison dans la vigilance, nous recevrons une nourriture de qualité. Un gâteau préparé avec amour par une maman pour ses petits nourrira bien plus que leur corps physique, il nourrira leur Cœur.

Toutes ces recommandations vont contribuer à améliorer votre vitalité, votre énergie personnelle et la qualité de vos méditations. Si, pour l'instant, ces différentes considérations vous semblent vraiment loin de la vision du monde dans laquelle vous avez vécu jusqu'à maintenant, donnez-leur une chance. Essayez de voir ce que cela donne quand vous en tenez compte, tout en continuant à développer votre sensibilité grâce à la méditation, vous aurez alors sans doute une confirmation directe, expérimentale, du bien-fondé de ces recommandations.

Une bonne forme physique

Une bonne forme physique est également un atout pour notre pratique de méditation. L'alcool, les drogues et stupéfiants sont bien sûr perturbateurs pour la méditation. Ils altèrent notre santé physiologique et notre énergie subtile, ils installent des déséquilibres en nous qui se retrouvent ensuite sous forme de tensions en nous, génératrices de pensées parasites. Ils installent un voile de confusion supplémentaire et rendent plus difficile notre progression dans la méditation et plus largement dans notre cheminement vers une vie épanouie et harmonieuse. La cigarette, les anxiolytiques, les tranquillisants, les antidépresseurs entrent aussi dans cette catégorie. Bien sûr, des béquilles peuvent être nécessaires dans des périodes particulièrement difficiles, mais une visée à plus long terme devrait chercher à les faire disparaître de nos vies.

En y regardant d'un peu plus près, vous constaterez que toutes ces différentes substances que nous avons évoquées, alcool, drogues, antidépresseurs..., ont toutes un seul et même but : fuir notre état du moment, notre ressenti du moment et le remplacer artificiellement par un état et un ressenti plus agréables. Nous retrouvons là notre bon vieux mécanisme de fuite. En étant capable de ne plus obéir compulsivement à cette envie de fuir, en allant à la rencontre de cet état de tension interne que nous cherchons à supprimer et en le laissant s'exprimer, nous progresserons dans notre pratique. En libérant peu à peu les tensions internes qui nous habitent, nous nous libérerons aussi de l'attraction pour ces différentes substances.

Bien sûr, certains passages de notre vie peuvent être très difficiles, et on peut comprendre que nous ayons temporairement besoin de l'aide d'une de ces substances. Par ailleurs, après avoir fait un travail de reconnaissance des tensions que nous cherchions à fuir à travers ces substances, il est possible que nous choisissions de continuer à consommer consciemment et avec modération un peu de vin ou d'alcool. Ceux-ci peuvent avoir des vertus pour certains d'entre nous, tant que les quantités restent très modérées.

Globalement, il est bon de maintenir une bonne forme physique pour méditer. Cette vitalité viendra servir notre pratique. Un peu d'exercice ou de marche quotidiennement favoriseront cette bonne forme. Il convient aussi de passer chaque jour un certain temps en extérieur, surtout si nous habitons et travaillons dans des immeubles. Respirer l'air extérieur, se baigner un peu dans les rayons du soleil, et plus largement être au contact des énergies du ciel et de la terre nous est très bénéfique. Les murs, sols et plafonds en béton entravent la circulation des énergies présentes dans l'environnement extérieur. Du ciel et de la Terre proviennent à chaque instant d'innombrables énergies subtiles, régénérantes pour nous. Vous pouvez faire l'expérience directe de ce fait.

EXERCICE

Après avoir passé plusieurs heures dans un étage intermédiaire d'un immeuble, un jour de beau temps, préparez-vous à sortir dehors, mais avant cela, installez-vous quelques instants en méditation.

Observez votre état intérieur, en observant notamment les sensations ressenties au niveau du sommet du crâne, du front, des tempes. Essayez de bien retenir cet état et les sensations qui l'accompagnent.

Sortez dehors et allez rapidement vous asseoir ou vous adosser dans un endroit relativement paisible, en contact direct avec le ciel, sur un banc par exemple. Fermez les yeux et observez alors votre état intérieur et notamment le sommet du crâne, le front, les tempes.

Voyez la différence avec votre état quand vous étiez à l'intérieur de l'immeuble, observez les changements qui s'opèrent en vous.

En étant ainsi attentif aux modifications de votre état entre l'intérieur et l'extérieur des bâtiments, vous découvrirez par vous-même l'importance d'être en contact avec le ciel et la terre.

Si être en bonne forme physique est un atout pour la méditation, cela ne signifie pas que la faiblesse physique soit un empêchement à la méditation. Il conviendra alors d'adapter son rythme et sa pratique à ses capacités.

Dormir selon ses besoins, bien se nourrir, maintenir une bonne forme physique en profitant autant que possible de l'environnement extérieur et de la nature, et nous voilà déjà soutenus dans notre pratique de méditation.

La force du groupe et des relations

Pratiquer la méditation en groupe est une aide. Si vous vous joignez à un groupe de personnes qui méditent régulièrement ensemble, vous serez soutenu dans votre pratique.

Une pratique renforcée

D'abord, le rythme régulier des méditations vous donne des points de repère dans le temps qui contribuent à bien ancrer votre pratique dans le quotidien. Ensuite, le fait de côtoyer d'autres méditants lors de ces sessions amène de la chaleur et des échanges humains renforçant encore le goût partagé pour la méditation. Nous partageons avec toutes ces personnes qui méditent quelque chose de profond, une approche très intime de l'Existence. Des liens amicaux peuvent ainsi se tisser naturellement.

Pendant la pratique elle-même, lorsque nous méditons en groupe, nous sommes soutenus par la force du groupe à laquelle nous contribuons également, celle-ci nous porte et renforce la qualité de notre pratique. En effet, quand tout un ensemble de personnes se livre avec attention à une activité commune, un réseau subtil s'installe et fait que le groupe peut réaliser plus que la somme des contributions individuelles. De plus, les pratiques en groupe ont parfois lieu dans des lieux dédiés à la méditation et ceux-ci contribuent en eux-mêmes à renforcer notre pratique.

Ainsi, vous pouvez chercher autour de chez vous des lieux où se pratiquent des méditations de groupe. Vous pouvez également constituer vous-même un groupe et deux personnes suffisent déjà à en constituer un.

Si vous ne trouvez pas pour l'instant de groupe, ce n'est absolument pas un problème. Il s'agit simplement d'une aide et vous pouvez parfaitement progresser seul dans votre pratique si elle est régulière.

Des échanges enrichissants

Outre le fait de méditer ensemble, il est intéressant de rencontrer des personnes qui partagent la même démarche que vous, qui s'intéressent à la méditation ou qui sont engagées dans un cheminement personnel. Ces relations amicales donnent l'impression de ne pas être seul à avancer dans cette direction qui est, il est vrai, différente des habitudes de vie occidentales. De plus, on peut échanger avec ces amis des informations utiles dans le cadre de notre démarche : livres, conférences, stages, personnes à découvrir, qui viendront éclairer et stimuler notre pratique. On peut également partager sur notre découverte de la pratique, sur les difficultés que l'on rencontre, les méthodes que l'on utilise.

Plus largement, les différentes personnes que l'on côtoie dans une journée ont chacune sur nous une influence particulière. Un contact, une relation entre deux personnes suppose tout un ensemble d'échanges verbaux, sensitifs, physiques, émotionnels, mentaux, énergétiques. Ces échanges sont plus ou moins harmonieux, plus ou moins bénéfiques à l'un et à l'autre. Il nous appartient d'essayer de prendre conscience de la nature des différentes relations que nous avons avec d'autres. Bien sûr, nos devoirs familiaux, professionnels, sociaux ainsi que le bonheur de donner de sa présence à ceux qui en ont besoin nous invitent et nous obligent à certaines relations. Hors de ce cadre, nous pouvons notamment rechercher la présence de personnes qui nous stimuleront dans notre démarche personnelle, qui auront avec nous des échanges constructifs.

Les relations sexuelles

Enfin, signalons un point particulier entrant dans le cadre des relations, et cela concerne surtout les hommes. Pendant les rapports sexuels, l'homme perd une grande quantité d'énergie lorsqu'il lâche son sperme, en témoigne d'ailleurs la profonde envie de dormir qui survient souvent à la suite. Des éjaculations trop fréquentes épuisent notre système énergétique et ne nous laissent pas suffisamment d'énergie disponible pour avancer dans notre pratique intérieure. Ainsi, l'homme doit trouver une fréquence d'éjaculation qui lui est adaptée. Cela ne signifie pas nécessairement diminuer la fréquence des rapports sexuels ou le plaisir qui les accompagne. Des méthodes existent permettant d'apprendre à maîtriser la pulsion d'éjaculation tout en éprouvant un profond plaisir.

À mesure que vous allez développer une sensibilité interne, vous allez par vous-même apprendre à sentir la période où l'éjaculation devient nécessaire. Au bout d'un certain nombre de jours ou de semaines, votre corps et votre énergie interne vous signaleront qu'il est temps de lâcher le sperme. Mais avant ce moment, l'homme doit éviter de gaspiller cette précieuse énergie.

En apprenant à maîtriser cette énergie sexuelle, l'homme constatera un regain de vitalité, une plus grande résistance physique et une meilleure disponibilité pour la pratique de méditation.

Il y a bien longtemps, un homme avait un lopin de terre où coulait une rivière. Il survivait tant bien que mal. Un jour, il entendit parler d'un moulin à eau. Il en fabriqua un et l'installa au bord de la rivière. Il eut alors l'idée de cultiver le blé sur son lopin de terre, qui grâce au moulin fut transformé en farine. Il put alors créer et nourrir une belle famille. Il eut tellement de farine qu'il se mit à en donner à ses voisins. Tout cela grâce à un simple moulin à eau. Si vous êtes un homme, laisserez-vous l'eau filer ou bien utiliserez-vous son énergie ?

De bonnes lectures

Dans une démarche d'épanouissement personnel et de transformation intérieure, les livres jouent un rôle important.

Revenir à l'essentiel

En Occident, notre quotidien se déroule dans un monde superficiel où la norme consiste à se fuir soi-même sans jamais se trouver. Lorsque vous rentrez chez vous, laissant ce tumulte à l'extérieur, et que vous lisez un livre en lien avec votre cheminement personnel, vous vous reconnectez spontanément avec votre aspiration profonde et ce mouvement de croissance de la vie en vous. Ce que vous ressentez en lisant vous ramène vers l'essentiel : « Ah mais oui, bien sûr, je sens bien que là se trouve la vérité... » Le simple fait de lire quelques pages traitant de ce domaine change votre état intérieur, vous détend, aiguise votre vigilance, vous recentre sur ce qui compte vraiment pour vous.

Les livres transmettant des enseignements dans le domaine du développement personnel ou spirituel vont vous fournir des outils, des indications, des conseils et mises en garde, des incitations... Ceux-ci vont vous aider à structurer votre cheminement et à développer les pratiques, comme la méditation, qui vont prendre part à ce cheminement. Si la lecture du livre est effectivement une aide précieuse, elle ne remplace néanmoins pas la pratique, l'expérimentation directe, qui seules garantissent la progression.

D'autres livres, sous la forme de récits ou de biographies, vont également nous ramener vers l'essentiel et nous stimuler dans notre démarche. Les biographies de saints, de personnes ayant réalisé le plein potentiel humain, rayonnantes de vie et d'amour, sont à ce titre de très bonnes lectures.

Les livres de questions-réponses entre des apprentis et un instructeur, dans le domaine de la méditation ou plus largement dans le domaine du cheminement intérieur, sont aussi de précieuses aides.

Lorsque vous vous sentez perturbé, lire quelques lignes de ces livres bienfaisants peut vous ramener vers plus de lucidité et de calme intérieur. Avant de vous coucher, lire quelques pages vous préparera à un meilleur sommeil. Lorsque vous êtes en train de lire un tel livre et que vous sentez se lever en vous des mouvements intérieurs, des sensations particulières, prenez le temps de fermer les yeux quelques instants et de goûter par l'Observation Intérieure ce qui se déroule en vous.

Ne pas se disperser

En côtoyant des amis également engagés dans une démarche personnelle, vous aurez sans doute l'opportunité d'échanger de bons conseils concernant des livres à lire. De nos jours, il existe dans les rayons des librairies une très grande quantité de livres traitant de toutes sortes de voies et de pratiques différentes. Il faut en profiter sans s'y disperser. Certes, il est utile dans un premier temps de découvrir différentes pratiques ou différents chemins possibles, mais le but est ensuite de nous orienter vers un cheminement qui nous correspond, en faisant en sorte que chaque nouvelle lecture nous fasse avancer. Le savoir encyclopédique ou bien la culture générale spirituelle n'ont que très peu de valeur en matière de cheminement intérieur.

Les pratiques corporelles

Pour engager notre corps dans une activité précise, impliquant des postures ou des actions particulières, il nous faut mobiliser notre attention en direction de notre corps. C'est déjà en soi un moyen efficace de quitter les pensées. À partir du moment où nous devons effectuer des actions corporelles exigeant de la vigilance, nous ne pouvons pas continuer à être perdus dans nos pensées, au risque de ne pas exécuter correctement ces actions corporelles.

Quelles disciplines ?

Tout travail manuel de précision impliquant une attention à ce que l'on fait contribue déjà à décrocher des pensées, le jardinage et la cuisine par exemple en font partie.

Mais il existe aussi certaines disciplines impliquant le corps qui visent à réaliser des actions spécifiques tout en étant dans un état intérieur d'unité avec le mouvement, avec l'action. Ces pratiques contribuent à calmer les pensées, à pacifier nos tensions internes et parfois à nous mener vers de profondes réalisations intérieures. Citons quelques-unes de ces disciplines : la calligraphie, le tir à l'arc zen, l'art des jardins zen, certaines approches de la pratique d'instruments de musique, certains types de danse, de chant...

D'autres disciplines visent à mobiliser le corps dans tout un ensemble de postures et de mouvements bien précis. Le yoga, le tai-chi-chuan, le qi-gong entrent notamment dans ce cadre. Ici aussi, l'attention est ramenée vers le corps. De plus, les postures et mouvements ont des objectifs bien précis visant une détente du corps physique, un apaisement des pensées, une détente des tensions internes, une meilleure fluidité énergétique, un développement de la sensibilité interne. Ces postures et mouvements ne sont pas le fruit du hasard et n'ont pas grand-chose à voir avec un simple « stretching ». Elles ont été mises au point par des êtres particulièrement sensibles, expérimentés, et ayant une très profonde connaissance de la vie. Indéniablement, l'intégration du corps dans notre démarche d'épanouissement est un point important. Elle permet de prendre conscience et de libérer de nombreuses tensions physiques souvent accumulées depuis des années. Elle invite naturellement à ramener l'attention dans le corps puis de plus en plus profondément vers soi.

La pratique d'arts martiaux intégrant la dimension de sensibilité interne contribuera également à nous faire progresser dans notre pratique de méditation.

Vers une plus grande harmonie intérieure

En réalité, toutes ces disciplines ont des objectifs communs avec la méditation, notamment le développement d'une plus grande harmonie intérieure conduisant peu à peu vers une transformation intérieure. La progression dans l'une de ces disciplines vous fera également progresser dans la méditation et vice versa. Suivant votre tempérament, essayez de trouver une discipline corporelle qui vous convienne. Surtout, n'abandonnez pas la méditation car comme vous le découvrirez peut-être, l'état de vigilance intérieure développée par la méditation est au cœur de toutes ces disciplines.

Enfin, signalons qu'il peut être utile de faire appel à des thérapies ou médecines alternatives pour remédier à certains déséquilibres physiques ou physiologiques. Ces disciplines ont une approche du corps capable de nous fournir une aide appréciable face à certaines tensions ou certaines difficultés intérieures ; l'ostéopathie, la médecine chinoise ou indienne en font partie.

Voilà, nous avons abordé un certain nombre d'aides qui vous soutiendront dans votre pratique de méditation, n'hésitez pas à les utiliser. Nous découvrirons encore d'autres aides par la suite, mais il est maintenant temps de revenir à la pratique en elle-même et d'approfondir un domaine fondamental.

À retenir... À retenir...

Parmi les aides à la méditation :

- La fréquentation de la nature.
- La qualité de l'environnement immédiat.
- La qualité du sommeil, de la nourriture et de la forme physique.
- La force du groupe et des relations.
- De bonnes lectures.
- Des pratiques corporelles appropriées.

Les émotions

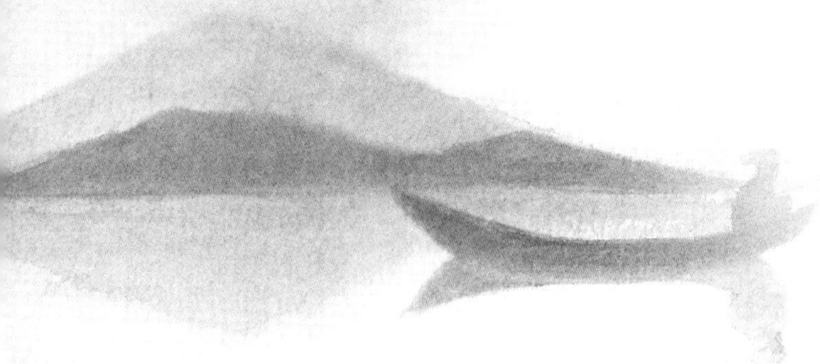

Les émotions adaptées et les émotions parasites

Une émotion est un mouvement d'énergie apparaissant en nous dans certaines situations bien précises.

Un mouvement interne

L'apparition des émotions

- La peur apparaît quand on cherche à fuir une situation.
- La colère apparaît quand on cherche à combattre, à changer une situation.
- La tristesse apparaît quand on se sépare de quelque chose auquel on est attaché.
- La joie apparaît quand on s'unit à quelque chose qui nous attire.

Une émotion est donc un phénomène énergétique interne accompagnant naturellement certaines situations de notre vie. Avant de se manifester par des signes extérieurs, il s'agit en premier lieu d'un mouvement interne. Celui-ci peut être très discret, comme une petite vague montant puis redescendant juste après, ou il peut être plus intense, nous poussant parfois à certaines expressions et actions extérieures. Par exemple, la colère n'est pas nécessairement une grosse crise avec des hurlements, cela peut être une simple montée d'énergie visant à corriger une situation.

Les émotions adaptées

Ainsi, il convient d'ôter toute connotation négative aux différentes émotions et notamment la colère, la peur et la tristesse. Il s'agit de mouvements naturels de l'énergie. Quand ces mouvements fonctionnent harmonieusement, ils accompagnent les situations de vie de façon adaptée, en qualité et en intensité.

Pour un petit danger, un léger mouvement de peur. Pour un gros danger, une forte peur. Pour un petit affrontement, petite colère. Pour un grand combat, forte énergie de colère sans pour autant prendre une forme hystérique. Pour une petite perte, petite tristesse. Pour la perte d'un être cher, grande tristesse. Même de fortes émotions ne sont pas nécessairement accompagnées de signes extérieurs marquants, elles peuvent être pleinement vécues intérieurement sans se manifester par une réaction hystérique.

• Imaginez que vous vous promeniez seul en forêt, et qu'en arrivant dans une clairière, vous entendiez un bruit de branche cassée, vous tournez la tête et découvrez un ours qui lève la tête vers vous. Vous risquez alors d'être parcouru d'un fort frisson de peur, sentant votre vie en danger. Cette mobilisation d'énergie liée à la peur peut être utilisée habilement pour se concentrer pleinement sur la fuite, quelques pas à reculons puis peut-être une belle course.

• Vous regagnez votre voiture garée dans la rue et, devant vous, quelqu'un exécute un virage un peu trop large et enfonce votre portière. Après avoir regardé autour d'elle pour voir si elle n'a pas été vue, la personne fait comme si de rien n'était et redémarre rapidement pour s'enfuir. Monte alors en vous un mouvement d'énergie visant à corriger cette situation. Vous pouvez utiliser cette montée d'énergie, cette colère, pour rétablir la justice dans cette situation en notant rapidement la plaque d'immatriculation du fuyard, en recherchant des témoins de la scène ou encore en rattrapant la voiture en fuite pour lui proposer un constat amiable.

• Imaginez que vous ayez perdu un être cher. Vous sentez en vous l'énergie qui se contracte, certaines pressions sur le cœur par exemple, la gorge qui se noue... En laissant libre cours à ce qui se produit, vous vous ajustez à cette nouvelle situation où l'autre n'est plus là ; votre énergie s'ajuste à cette absence. En vivant pleinement cette tristesse qui monte en vous, vous acceptez ce départ, cet état de fait, et vous pouvez en même temps rester suffisamment disponible pour envoyer de l'amour et des pensées de bonne route à celui ou celle qui vient de s'en aller.

• Imaginez maintenant que vous êtes parti une semaine en voyage pour raisons professionnelles et que vous êtes sur le point d'ouvrir la porte de votre maison où vous allez retrouver votre conjoint et vos enfants. Vous sentirez l'énergie monter

en vous, le Cœur se remplir et d'autres sensations internes. En prenant votre famille dans vos bras, vous vivrez l'intensité des retrouvailles et l'énergie se calmera petit à petit ensuite.

Ainsi, les émotions peuvent être naturellement adaptées au contexte dans lequel elles apparaissent. Elles fonctionnent alors harmonieusement, s'expriment et disparaissent de façon fluide, avec une intensité adaptée à la situation. Elles ne posent aucun problème.

Les émotions inadaptées

Découvrons maintenant Monsieur Z. Il a vécu toute sa vie en Occident, il n'a jamais vraiment fait attention à ce qui se passe en lui, et il a du mal à comprendre ce qui lui arrive.
Monsieur Z se lève le matin un peu déprimé, puis il prend son petit déjeuner en ayant toujours très peur de se faire une tache, de ne pas avoir l'air impeccable à son travail. Il vérifie toujours trois fois, dans le stress, qu'il a bien fermé la porte de son appartement avant d'aller prendre le métro. En s'installant debout dans le métro, Monsieur Z sent toujours beaucoup de colère monter en lui vis-à-vis des gens autour de lui, il a un vif sentiment d'oppression et ressent de l'animosité vis-à-vis des autres. En arrivant à son travail, il découvre que le rendez-vous sur lequel il comptait a été annulé, il se sent alors profondément triste, abandonné, pense que personne ne l'aime et qu'il n'a jamais de chance.
Vient le déjeuner, Monsieur Z aperçoit son dessert préféré au bout du self, il se sent tout joyeux, tout excité, et se met à discuter en plaisantant avec son voisin dans la file, qu'il trouve fort sympathique aujourd'hui. En arrivant à proximité du plateau des desserts, Monsieur Z se sent saisi d'une grande peur, il ne reste plus qu'une assiette de son dessert préféré. Quelques instants après, son voisin de devant s'en saisit sans prêter attention à Monsieur Z. Monte alors une grande colère, Monsieur Z traite le voisin de devant de tous les noms dans sa tête, puis vient une immense tristesse.
En prenant l'ascenseur pour remonter à son bureau, il entend une musique jouée à la flûte traversière. Monsieur Z ne sait pas pourquoi, mais à chaque fois qu'il entend de la flûte traversière, il s'énerve, cela le dérange.

Il arrive à son bureau et on lui signale que le patron veut le voir. Panique puis joie en imaginant qu'il s'agit peut-être de la promotion qu'il espère depuis longtemps, puis peur à nouveau parce qu'il n'a pas mis son plus beau costume aujourd'hui. Arrivé dans le bureau du patron, celui-ci l'informe qu'un séminaire l'oblige à s'absenter la semaine prochaine et qu'en conséquence, Monsieur Z devra traiter ses appels pendant ce temps. Monsieur Z sent beaucoup de jalousie vis-à-vis du patron qui va encore partir en voyage, puis il se sent très triste, se trouvant nul. Et ainsi de suite...

C'est vrai, Monsieur Z est fort perturbé par toutes ses émotions, mais est-il vraiment loin de la réalité quotidienne de beaucoup d'entre nous ? Est-ce que nous n'aurions pas nous aussi certaines réactions émotionnelles proches de celles de Monsieur Z ?

Nous réalisons à travers cet exemple un peu pittoresque que de nombreuses émotions nous traversant chaque jour fonctionnent de façon tout à fait inadaptée aux situations que nous vivons. Leur intensité est souvent complètement disproportionnée par rapport à la situation. Parfois, les émotions se déclenchent même sans que nous en comprenions la raison. Pour certains, ces émotions inadaptées, parasites, ne sont pas perçues directement, ne sont pas ressenties, mais génèrent toutes sortes de pensées parasites. Le simple fait d'être perdu dans des pensées parasites signale presque toujours la présence d'émotions parasites qui se cachent derrière.

EXERCICE

Aujourd'hui et demain, essayez de sentir dans votre quotidien les moments où vous ressentez des émotions. Une fois l'émotion passée, demandez-vous s'il s'agissait d'une émotion adaptée ou bien d'une émotion parasite. Si vous vous sentez embarqué dans une série de pensées parasites, essayez de prendre du recul et de voir s'il se cache derrière une émotion parasite.

Vous pouvez aussi faire cet exercice le soir en vous remémorant des moments de la journée et en essayant d'y déceler les émotions.

À moins d'être déjà bien avancé dans votre pratique, vous avez sans doute constaté que 99 % des émotions que vous avez décelées fonctionnent de façon inadaptée.

À retenir... À retenir...

À la base, une émotion est un mouvement naturel de l'énergie en nous, accompagnant certaines situations caractéristiques de la vie.

Une émotion adaptée est en harmonie avec la situation.

Une émotion parasite est en déphasage avec la situation.

99 % de nos émotions sont parasites.

Comment fonctionne une émotion parasite ?

Reprenons l'*exemple de Monsieur Z…*

Supposons que Monsieur Z ait subi pendant sa journée de travail toutes sortes de remontrances de son supérieur hiérarchique qui est fort tatillon : « Ceci n'est pas bien fait, il faudrait faire comme ça… » Il a pris sur lui toute la journée pour ne pas se mettre en colère. Il arrive à la maison, il s'installe dans le salon et sa conjointe lui dit : « Bonjour chéri, dis donc tu aurais pu faire attention, tu as mis de la terre partout en entrant avec tes chaussures. » Et là, il explose de colère : « Oh, j'en ai ras le bol, laissez-moi tous tranquille ! »

Évidemment, vous en conviendrez, cette émotion de colère est tout à fait inadaptée, parasite, et ne correspond pas à la situation présente ; la phrase de sa conjointe est sans doute justifiée et ne mérite de toute façon pas une telle réaction. Le fait de dire « laissez-moi tous tranquille » est bien révélateur que l'émotion est en fait une réaction à l'ensemble des situations subies dans la journée. Cette émotion parasite ne se lève donc pas seulement en lien avec la situation présente mais avec des situations passées. L'inaptitude de Monsieur Z à vivre son émotion de colère pendant la journée aboutit à cette réaction inadaptée le soir.

Lorsqu'une émotion n'a pas pu s'exprimer correctement, elle reste emmagasinée en nous, dans l'attente de pouvoir enfin s'exprimer. C'est une énergie comprimée qui demande à se détendre. Elle peut rester comprimée ainsi des heures durant, des journées, des semaines, des mois, des années, des dizaines d'années. Pour différentes raisons possibles que nous examinerons après, cette émotion n'a pas pu s'exprimer et reste bloquée. Ainsi, il existe en nous un réservoir d'émotions comprimées qui attendent de se manifester.

En réalité, une émotion parasite naît de la rencontre de la situation présente et d'une émotion comprimée contenue en nous. Voilà pourquoi notre émotion parasite semble être si décalée par rapport à la situation, elle est en fait alimentée par une émotion puissante qui, elle, vient à l'origine d'une tout autre situation passée.

Nous allons examiner ensemble les différentes facettes de ce processus. Cette compréhension est importante car elle va guider notre pratique de méditation.

D'où viennent ces émotions comprimées qui sont en nous ?

Au cours de notre vie et notamment pendant notre enfance, nous traversons parfois certains moments particulièrement difficiles où de puissantes émotions peuvent se lever en lien avec les situations. Il arrive que ces émotions soient réprimées, principalement pour l'une ou l'autre des raisons suivantes : soit nos parents ne nous ont pas permis d'exprimer notre émotion, soit nous avons nous-mêmes cherché à réprimer cette émotion car la situation nous semblait trop insupportable.

L'enfant peut de lui-même refuser une émotion qui monte en lui s'il sent qu'une situation est trop douloureuse pour lui, il préfère alors refuser de vivre pleinement la situation. Prenons l'exemple d'un enfant qui a perdu l'un de ses parents ; il arrive parfois qu'un tel enfant refuse de vivre sa tristesse et qu'il semble encaisser cette situation tragique sans être trop affecté. En réalité, la tristesse cherche à monter en lui, mais l'enfant la réprime, l'empêche de s'exprimer.

Ainsi, l'enfant peut de lui-même, dans certaines circonstances, réprimer une émotion.

Cette répression peut aussi être le fait des parents, comme nous allons le voir maintenant. Prenons l'exemple d'un aîné face à la naissance d'un second enfant dans la famille. Au début, il arrive souvent que l'aîné exprime de l'agressivité à l'égard du nouvel enfant, tout du moins qu'il en fasse part à ses parents. Il s'agit là d'une agressivité naturelle et bien compréhensible si l'on se met à la place de l'aîné. Si les parents interdisent à l'aîné d'exprimer toute agressivité liée au nouvel enfant, ils vont réprimer en lui une colère qui constituera une émotion comprimée tant qu'elle ne se sera pas exprimée.

Ainsi, nous comprenons mieux comment peut se constituer en nous un réservoir d'émotions comprimées.

Comment la situation présente réveille-t-elle une émotion comprimée en nous ?

Une émotion comprimée est comme un ressort compressé qui attend de pouvoir se détendre. Tout ce qu'il souhaite, c'est pouvoir se détendre. Comme nous l'avons vu ci-dessus, l'émotion comprimée s'était initialement levée, avant d'être réprimée, dans une situation passée bien spécifique. Dès que la situation présente, que nous vivons actuellement, comporte une similitude avec cette situation passée, l'émotion comprimée va chercher à s'exprimer.

Prenons l'exemple de l'aîné qui n'a pas pu exprimer son agressivité lors de l'arrivée du second enfant dans la famille. À chaque fois que des circonstances vont présenter un lien, plus ou moins net, avec cette situation passée, l'émotion de colère va à nouveau monter en lui.

Ainsi, si une personne semble prendre sa place dans une file d'attente, il peut ressentir une vive colère vis-à-vis de cette personne. Le fait de se faire prendre la place dans une file d'attente présente une similitude avec ce qu'a ressenti l'aîné à l'arrivée du second ; dans les deux cas, il a l'impression de se faire prendre sa place. Supposez que l'aîné devenu adulte achète un produit d'occasion à un particulier et qu'il découvre ensuite que le produit est défectueux, il peut alors être pris d'une vive colère vis-à-vis du vendeur. En réalité, la sensation de se faire voler par un autre a un lien avec la sensation de s'être fait voler sa place dans la famille quand il était enfant.

Ainsi, il suffit qu'il existe un lien, plus ou moins direct, entre la situation passée et la situation présente pour que l'émotion comprimée cherche à s'exprimer. C'est ainsi que la vie fonctionne en nous. La force de vie, l'énergie contenue dans l'émotion comprimée cherche toujours à jaillir, et dès qu'une opportunité semble possible pour qu'elle jaillisse enfin, elle s'y précipite.

Imaginez que vous ayez été enfermé par erreur dans une pièce. À chaque fois que vous entendrez un bruit ou que vous verrez quelqu'un passer par la fenêtre, vous vous mettrez à crier et à faire du bruit pour qu'on vous entende : « Au secours ! Venez m'ouvrir, je veux sortir ! » Même si la personne semble être loin de la pièce, vous ferez tout votre possible pour la prévenir. Il en va de même avec une émotion comprimée. Elle a été enfermée par erreur dans une pièce. Dès qu'elle sent que l'on s'approche de la pièce où elle a été enfermée, elle se met à crier et à faire du bruit pour qu'on l'entende.

Il est maintenant temps que vous constatiez par vous-même ce qui vient d'être dit.

EXERCICES

- *Asseyez-vous au calme chez vous, à une table avec un stylo et un papier. Essayez de vous remémorer dans la journée passée ou dans la précédente un moment où vous avez connu une émotion parasite. Notez-la sur le papier. Réfléchissez ensuite à la situation qui a déclenché cette émotion parasite en vous. Notez-la sur le papier.*

Essayez ensuite de voir dans votre histoire personnelle, dans votre passé et notamment dans votre petite enfance, si cette situation déclenchante comporte un lien quelconque avec une situation passée difficile que vous avez connue.

Si vous la trouvez, notez-la. Si le lien existe effectivement entre ces deux situations, passée et présente, vous sentirez comme un déclic, comme une évidence, certifiant le lien entre elles. Vous verrez alors de façon limpide que l'émotion parasite que vous avez connue ces jours-ci trouve en fait sa source dans un lointain passé.

• Pour nous aider à repérer les situations passées qui ont pu donner naissance à des émotions réprimées, il est bon de revoir un peu son histoire personnelle.
Asseyez-vous donc à une table, avec un stylo et un peu de papier. Revoyez, depuis votre conception, votre vie, année par année, en essayant d'extraire les faits marquants, notamment les faits particulièrement difficiles. Au final, vous arriverez à établir une liste des situations passées potentiellement porteuses d'une émotion réprimée. Gardez cette liste.

Lorsque vous vous interrogerez sur la source de certaines émotions parasites, vous pourrez essayer d'établir des liens avec les situations de cette liste.

En répétant le premier des deux exercices ci-dessus, avec l'éclairage de la liste fournie dans le second exercice, vous arriverez par vous-même à valider le point suivant : une émotion parasite est en réalité alimentée par une émotion comprimée liée à une situation passée plus ou moins similaire à la situation présente.

Quels sont les grands enseignements à tirer de cette découverte ?

D'abord, nous réalisons que nos émotions sont la plus grande partie du temps inadaptées aux situations que nous vivons. Elles nous maintiennent dans une bulle virtuelle, et parfois, il faut bien le dire, un délire virtuel, en décalage avec la situation présente.

Ensuite, nous réalisons que, pour faire disparaître ces émotions parasites, il faut libérer les profondes émotions comprimées qui les alimentent. En laissant ces émotions comprimées s'exprimer, se détendre, elles ne viendront plus parasiter le présent. C'est là l'essentiel à comprendre.

Si vous sentez que vous avez du mal à vous connecter avec des situations passées pour y trouver l'origine d'émotions comprimées, ne vous inquiétez pas. Les connexions viendront sans doute petit à petit, quand vous allez avancer dans votre pratique de méditation. Qui plus est, même si la connexion avec la situation passée est d'une grande aide pour se libérer d'une émotion comprimée, elle n'est pas absolument indispensable, l'essentiel étant de libérer l'émotion comprimée elle-même.

Tout ceci nous donne de précieuses indications pour notre pratique. À chaque fois que nous sommes aux prises avec une émotion parasite donnant naissance à des pensées parasites, nous savons que notre vision de la situation présente est faussée et que l'émotion n'est pas en adéquation avec la réalité de la situation. Nous savons qu'une émotion réprimée, liée à notre passé, est en train de parasiter et de déformer notre vision du présent. Nous comprenons qu'il faut alors tourner notre attention vers cette émotion et la laisser s'exprimer en nous au lieu de divaguer sur la situation présente.

Pour parvenir à libérer l'émotion comprimée, il faut dans un premier temps accueillir pleinement l'émotion parasite qui monte en nous, en laissant de côté les pensées parasites qui l'accompagnent. Une fois en contact avec l'émotion parasite, nous sommes en réalité en contact avec l'émotion comprimée qui est en train de chercher à s'exprimer. L'énergie de l'émotion parasite n'est pas autre chose que l'énergie de l'émotion comprimée cherchant à s'exprimer. Alors, il n'est plus question d'utiliser le terme « parasite », il convient simplement d'accueillir l'émotion qui est présente. À mesure que nous accueillons cette émotion, des images du passé peuvent surgir, confirmant que nous sommes bien en train de vivre une émotion qui attend depuis fort longtemps de s'exprimer. Restons alors bien au contact de l'émotion et laissons-la se déployer, sans décrocher dans les pensées ou les images qui peuvent monter.

À travers ce processus, nous nous libérons du passé pour enfin vivre pleinement le présent.

À ce stade, éclairé par notre compréhension, il faut diriger notre Observation Intérieure vers le domaine des émotions. Apprenons donc à méditer avec elles.

À retenir... À retenir...

Des émotions comprimées peuvent rester emmagasinées en nous, soit du fait de l'éducation reçue, soit du fait d'épisodes difficiles de notre **histoire personnelle**.

Une émotion parasite est en réalité alimentée par **une émotion comprimée liée** à une situation passée plus ou moins similaire à la **situation présente**.

Méditer avec l'émotion parasite va permettre de libérer l'émotion comprimée qui se cache derrière.

Comment méditer avec ses émotions ?

Une émotion est un joyau pour un méditant. Il sait qu'une émotion est dans 99 % des cas une émotion parasite et qu'il se cache derrière une émotion réprimée. Il sait aussi que le chemin vers la paix intérieure passe par une libération des émotions réprimées en lui. Alors, lorsqu'une émotion monte en lui, le méditant sait qu'une formidable occasion se présente à lui pour avancer sur son chemin. Nous allons maintenant étudier ensemble l'art de vivre habilement les émotions afin de libérer les émotions comprimées en nous.

Répression et emportement

Ici, nous ne nous intéressons plus au contexte dans lequel naissent les émotions, nous nous intéressons exclusivement à l'émotion elle-même.

Lorsqu'une émotion se lève, il existe deux réactions extrêmes tout à fait caractéristiques. D'un côté existe la réaction de répression qui vise à supprimer l'émotion en étouffant son expression, en bloquant l'énergie qu'elle contient.

De l'autre côté existe la réaction d'emportement où l'émotion nous submerge et s'exprime de façon incontrôlée.

Supposons que vous soyez impliqué dans un affrontement avec d'autres personnes et que vous vous sentiez incapable d'agir ou de parler, alors il est fort probable que la colère, qui est l'émotion de l'agressivité et du combat, soit réprimée en vous.

Supposons maintenant que vous ayez un entretien d'embauche et que vous vous sentiez envahi d'une forte sensation de peur qui vous pétrifie, vous paralyse. Alors vous êtes dans une situation où la peur vous emporte, vous submerge.

Si nous adoptons la réaction de répression, bien évidemment, il nous sera impossible de libérer les émotions comprimées en nous. Elles continueront tout simplement à être réprimées.

Si nous nous laissons emporter, certes l'émotion comprimée peut s'exprimer. Mais en réalité, son potentiel d'action reste intact. Quelques instants après s'être ainsi exprimée, l'émotion comprimée se retrouve inchangée en nous.

Pensez à quelqu'un de colérique, qui a la réputation de s'énerver pour un rien. À chaque fois que quelque chose le contrarie, il s'emporte et s'énerve. L'émotion de colère est toujours contenue en lui, bien qu'il l'exprime très régulièrement. Pourquoi un tel phénomène ?

Pourquoi ne suffit-il pas d'exprimer une émotion comprimée pour la libérer ?

En réalité, l'emportement s'accompagne d'inconscience. C'est-à-dire, qu'au moment où l'émotion nous emporte, nous sommes incapables de la percevoir avec attention, de l'accueillir. Nous sommes comme possédés par l'émotion et il n'y a alors plus personne en nous pour l'accueillir consciemment. Or, de quoi cette émotion comprimée a-t-elle besoin pour se libérer ? Elle a besoin d'être vécue, elle a besoin d'exister pleinement en nous. L'émotion n'a pas seulement besoin de s'exprimer, elle a besoin d'être entendue.

Si nous nous laissons emporter par l'émotion, nous ne serons pas présents, nous ne serons pas dans un état de vigilance pour l'accueillir en nous, pour la vivre pleinement.

Adresser une lettre d'amour à une personne aveugle ne sert à rien. Bien que l'auteur de la lettre se soit exprimé, son message n'existe pas réellement, il n'est pas reçu, pas vécu par la personne aveugle.

Ainsi, dans le cas de l'emportement, l'émotion comprimée s'est bien exprimée, mais nous sommes aveugles, comme inconscients, et l'émotion n'existe pas réellement en nous, elle n'est pas vécue.
Même si nous adressons des centaines ou des milliers de lettres d'amour à une personne aveugle, elle ne pourra en lire aucune d'elles et nos lettres seront inutiles.
Ainsi, nous aurons beau exprimer avec emportement des milliers de fois une émotion, elle n'aura jamais réellement vécu en nous et cherchera à renaître encore et encore.

Nous comprenons donc comment l'emportement ne libère pas les émotions comprimées. Vous pouvez bien sûr le vérifier par vous-même en examinant certaines émotions parasites qui vous envahissent régulièrement. Pour certaines de ces émotions, bien qu'elles s'expriment depuis des années, elles n'ont pas diminué en intensité ou en fréquence.

Ni la répression ni l'emportement ne permettent donc de se libérer des émotions comprimées. Elles chercheront toujours et encore à être pleinement vécues, à se manifester vraiment en nous.

Accueillir ses émotions

C'est en comprenant la demande des émotions comprimées, ce dont elles ont besoin pour se libérer, que nous allons pouvoir orienter habilement notre pratique de méditation. Nos émotions comprimées ont besoin de s'exprimer pleinement en nous en étant accueillies par une attention vigilante et douce. Grâce à notre pratique d'Observation Intérieure, nous avons développé une qualité d'attention douce et bienveillante, disponible pour accueillir tout ce qui monte en nous. Avec cette disponibilité intérieure, il va donc falloir accueillir ces émotions comprimées qui vont chercher à monter en nous.

Souvenez-vous de l'image du petit oiseau qui peu à peu apprend à venir manger dans notre main. Ici aussi, une émotion comprimée est comme un petit oiseau qui a envie de venir manger dans notre main. Au début, le petit oiseau a peur et hésite à venir. De la même façon, le mécanisme de répression installé en nous depuis longtemps pour réprimer l'émotion l'empêche de venir librement se déployer en nous. Mais peu à peu, grâce à notre accueil doux et bienveillant, l'émotion comprimée va enfin avoir le droit de vivre, le droit d'être.

Viens petit, viens mon tout petit, car ici tu es aimé.

EXERCICE

Asseyez-vous dans votre posture de méditation. Pas de minuteur. Commencez votre pratique d'Observation Intérieure en étant bien ouvert à ce qui se passe en vous. Guettez l'apparition d'une émotion. Si des pensées parasites montent en vous, cherchez l'émotion parasite qui se cache derrière. Puis abandonnez complètement la qualification de « parasite », ouvrez-vous complètement à cette émotion. Si cette émotion monte en vous pendant la méditation, assurément, il s'agira en réalité d'une émotion comprimée qui cherche à s'exprimer. Fort de cette compréhension, comprenez bien que vous serez alors en train de méditer en réalité avec une émotion comprimée qui essaye de monter à la surface. Vous serez donc en train de vivre une opportunité formidable de grandir, de vous épanouir, d'être plus en paix et heureux.

Ainsi, ouvrez-vous totalement à l'émotion. Laissez-la être complètement. Si elle est accompagnée d'images, laissez-les venir sans vous y accrocher, laissez ces images repartir comme elles sont venues en restant au contact de l'émotion. Suivez l'émotion là où elle vous emmène. Si elle se transforme, si elle devient une autre émotion, continuez à observer. Oui, Oui et encore Oui à tout ce qui se passe.

Au bout d'un moment, vous sentirez que l'émotion diminue en intensité puis qu'elle disparaît, laissant place à un espace intérieur encore plus limpide et apaisé, comme un ciel épuré après l'orage. Goûtez ce moment de calme avant de revenir à la surface et d'ouvrir les yeux.

D'un état de tension intérieure avec des pensées parasites, nous pouvons revenir à un état intérieur limpide et paisible. Entre les deux, nous avons permis à l'émotion comprimée qui était à la source de notre tension intérieure de pleinement s'exprimer en nous, dans la vigilance. Si vous faites cette expérience, vous commencez à découvrir la puissance de la méditation. Vous constatez à quel point elle peut transformer notre état intérieur.

Peu à peu, nous allons devenir de plus en plus habiles dans l'art de déceler une émotion cachée et de la laisser monter en nous. Nous allons de mieux en mieux connaître cet instant précieux où nous cessons de fuir une émotion pour nous retourner et l'accueillir pleinement en nous. En cet instant, il y a comme un déclic qui se produit et l'émotion se met à vibrer, à se diffuser en nous, comme une danse d'énergie qui alors nous envahit.

À retenir... À retenir...

Ni répression ni emportement, **seul l'accueil vigilant** et bienveillant des émotions libère les émotions comprimées.

Quelques conseils

Ce qui nous est maintenant demandé dans notre pratique de méditation, c'est d'accueillir des émotions que nous avons longtemps réprimées.

La croisée des chemins

Certaines émotions réprimées remontent à des épisodes difficiles de notre histoire.

En accueillant ces émotions, nous accueillons en fait ce qui en nous est resté bloqué lors de ces épisodes. Ainsi, nous aurons parfois l'impression de revivre l'épisode à la racine de l'émotion bloquée. Assis sur notre siège, les yeux fermés, l'émotion remonte, et la situation qui nous a paru si difficile à l'époque semble nous apparaître à travers des images et des sensations.

Vous en conviendrez, la situation est passée, elle n'existe plus réellement. Tout de suite, maintenant, pendant votre méditation, cette situation ne peut pas vous faire de mal. Il n'y a aucun danger. Ressentir les sensations et les émotions qui montent en vous en lien avec cette situation ne présente pas de danger. Peut-être que cela vous apparaît désagréable, mais c'est en réalité sans danger, et d'ici quelques minutes, après votre méditation, ces sensations auront disparu.

Alors vous avez le choix : soit vous vivez pleinement ce qui monte en vous pendant cette méditation et vous avez fait un grand pas pour vous libérer de votre passé, soit vous refusez ce qui monte en vous car vous le jugez trop désagréable, et vous maintenez en vous ce nœud intérieur, cette émotion comprimée, qui continuera à miner votre quotidien, à parasiter votre vie indéfiniment.

Vous êtes à la croisée des chemins. Par ici, vous laissez pendant quelques instants le nuage pleuvoir sur vous et la pluie ruisseler sur votre peau, par là, le nuage continue à rester au-dessus de votre tête et vous prive du soleil indéfiniment.

Ayons donc le courage de vivre nos émotions, profondément.
Pendant notre pratique de méditation, lorsque nous sentirons que quelque chose de profond est en train de se lever en nous, nous pouvons utiliser l'aide d'un mot, un simple mot : « Oui ».

Oui à ce qui vient, Oui à ce qui est, Oui à ce qui a été

Cette attitude d'ouverture totale constitue la pratique idéale.
Tout ce qui monte en moi, je l'accueille, Oui.
Tout ce qui se déploie sous mes yeux, je l'accueille, Oui.
Toutes les situations passées qui semblent apparaître pendant ma méditation, si difficiles qu'elles soient, je les accepte, c'est ainsi que cela s'est passé, Oui.

En réalité, nos répressions qui bloquent des émotions en nous et qui au final nous parasitent la vie peuvent se résumer en un mot : « Non ».
Non à cette émotion qui cherche à s'exprimer en nous.
Non à cette situation qui nous a paru insupportable à accepter.

Ainsi, « Oui » est l'antidote du « Non ».
« Oui » est la porte vers notre liberté.

L'expression d'émotions jusque-là réprimées s'accompagne souvent de toutes sortes de sensations internes, de tensions ou d'énergies subtiles qui font partie intégrante de l'expression de cette émotion. Notre « Oui » doit être un « Oui » complet. Un « Oui » incomplet signale la présence du « Non ».

Soyez patient

Parfois, le fait de s'ouvrir pleinement à une émotion comprimée suffit à s'en libérer. Mais souvent, il faut méditer à plusieurs reprises avec une émotion comprimée avant d'en être libéré. En effet, l'émotion comprimée remonte souvent à la surface par bribes, petit à petit, avant de se livrer pleinement. C'est un peu comme le petit oiseau qui vient de temps en temps picorer une miette avant de vraiment venir s'installer pour manger dans la main. En étant patient, sans vouloir forcer le résultat, en respectant le rythme naturel de l'expression de cette émotion, laissons la répression qui s'est installée en nous se dissiper, laissons l'émotion venir à nous.

N'hésitez pas à vous faire aider

Signalons également un autre point. Les émotions qui sont restées bloquées en nous ont contribué à façonner notre personnalité et notre parcours de vie. Ainsi, la remontée en nous de ces émotions peut générer un certain nombre de changements en nous, un certain nombre de remises en question. Accueillons tout cela avec un état d'esprit positif, en sachant que l'équilibre précaire et illusoire dans lequel nous vivions va peu à peu céder la place à un équilibre profond et durable. Néanmoins, lorsque nous sommes confrontés à des changements importants en nous, lorsque nous sentons de très fortes émotions remonter à la surface, parfois liées à des épisodes de vie particulièrement pénibles, il peut être bon de rechercher une aide extérieure.

Un Instructeur de méditation ou un thérapeute qualifié pourra vous aider à accueillir certaines émotions profondes et à accepter les situations passées qui les ont fait naître. N'hésitez pas à rechercher une telle aide si vous en ressentez le besoin, c'est important.

Cherchez à comprendre vos émotions

Le travail d'accueil des émotions doit être complété par un travail de compréhension. Tout d'abord, il est nécessaire de bien comprendre les mécanismes en jeu et cela fait l'objet des chapitres précédents concernant les émotions. Ensuite, il est important de découvrir notre propre structure émotionnelle, à savoir les émotions clés qui montent en nous en faisant si possible le lien avec les épisodes « sources » dans notre passé, mais aussi notre façon de réagir face à ces émotions, plutôt dans la répression ou plutôt dans l'emportement.

Vous pouvez effectuer ce travail de compréhension à tête reposée au calme chez vous, en vous aidant éventuellement d'un papier et d'un stylo ; il est également recommandé après une méditation. Tant que nous sommes dans une période de découverte de notre structure émotionnelle, il est utile de réaliser l'exercice suivant après chaque méditation, ou tout du moins très régulièrement.

EXERCICE

Après avoir terminé la méditation, vous pouvez ouvrir les yeux ou les laisser fermés, comme bon vous semble. Restez assis à votre place. En vous remémorant ce qui s'est passé pendant la méditation, essayez d'extraire les compréhensions clés que vous pouvez faire suite à cette session.

Voici quelques questions qui peuvent vous y aider :

- *Quelle émotion ai-je ressenti pendant la méditation ?*
- *Comment me suis-je positionné face à cette émotion, étais-je emporté, avais-je tendance à réprimer cette émotion, étais-je bien ouvert à elle ?*
- *Est-ce que l'émotion a pu pleinement s'exprimer ?*
- *Est-ce que des liens ont été établis avec des situations passées ? Est-ce que des images et des sensations du passé sont remontées ?*
- *Ai-je pu réaliser de nouvelles compréhensions concernant l'impact d'événements passés sur ma personnalité actuelle ?*
- *Comment est-ce que je me sentais à la fin de la méditation ?*

Profitez également de ce moment pour bien renforcer votre compréhension des principes généraux : notamment les liens entre pensées parasites, émotions parasites, émotions réprimées, ou encore la façon dont une émotion réprimée est réveillée par une situation présente en lien avec une situation passée.

En prenant ainsi le temps de bien comprendre ce qui se passe en vous, vous allez renforcer les bienfaits de la méditation, vous allez mieux en intégrer les effets et établir une structure intérieure solide capable d'accueillir de mieux en mieux ce qui est en vous.

EXERCICE

Auriez-vous plutôt tendance à refouler vos émotions ou à vous laisser emporter par elles ? Qu'en est-il pour la peur ? La colère ? La tristesse ? La joie ?

Voilà, nous sommes maintenant prêts à bien méditer avec nos émotions. En poursuivant votre pratique régulière au calme, vous allez progresser.

Jusqu'à maintenant, nous nous sommes exercés à l'Observation Intérieure assis dans notre posture. Nous allons maintenant apprendre à diffuser notre pratique dans le quotidien.

À retenir... À retenir...

« Oui » est le maître mot de la méditation.

Après une session de méditation, prenez un moment pour comprendre.

Si besoin est, n'hésitez pas à rechercher une personne capable de vous aider.

Développer la pratique de l'Observation Intérieure

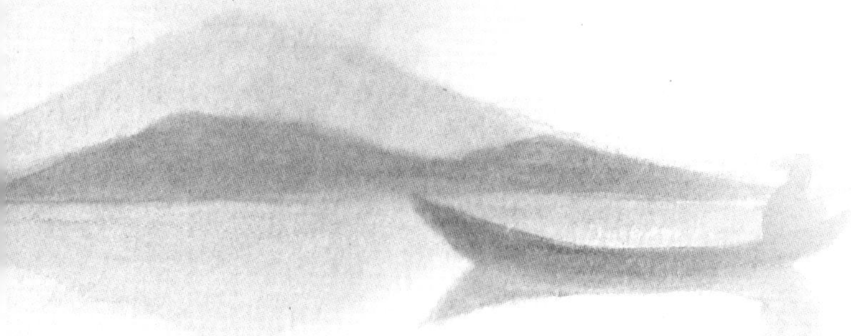

L'émotion est le signal

Une journée compte vingt-quatre heures. Comment la mettre vraiment à profit pour cheminer vers le bonheur ? Allons-nous nous contenter de notre pratique assise quotidienne ?

Dans de nombreuses voies spirituelles monastiques, les moines méditent plusieurs heures chaque jour. Est-ce que cela signifie que les grandes réalisations de la méditation ne sont pas pour moi, sous prétexte que je suis engagé dans une vie « dans le monde », avec une famille, un travail… et qu'il m'est difficile de méditer plus d'une demi-heure par jour ?

La réponse à cette question est claire : les grandes réalisations de la méditation, les grandes transformations intérieures sont à notre portée à condition de diffuser notre pratique dans notre vie quotidienne. Nous allons découvrir comment y parvenir.

L'Observation Intérieure, que nous avons pour l'instant pratiquée au calme, assis dans notre posture, consiste à être au contact de notre vie intérieure et à la laisser s'épanouir. Il va nous falloir trouver des moyens, des occasions dans notre quotidien de pratiquer cette Observation Intérieure. Rappelons-nous, lorsque nous apprenions à nous concentrer, nous avions mis en place des déclencheurs dans notre vie quotidienne qui nous invitaient à pratiquer la Concentration sur notre respiration. Pour l'Observation Intérieure, c'est l'émotion qui va jouer le rôle du déclencheur. À chaque fois que nous percevons en nous une émotion, nous sommes invités à pratiquer l'Observation Intérieure. L'émotion est le signal, la cloche qui sonne, l'appel.

Pourquoi choisir l'émotion comme signal ?

Nous avons vu que 99 % des émotions qui nous traversent sont des émotions parasites. Celles-ci sont en réalité l'expression d'émotions comprimées en nous, elles sont une expression de notre profondeur qui tente de revenir à la surface.

L'émotion est donc dans la plupart des cas le signal que notre profondeur cherche à s'exprimer, se libérer. En pratiquant l'Observation Intérieure à ce moment-là, nous pouvons accueillir ce qui cherche à monter en nous et permettre son expression et son épanouissement.

Voilà pourquoi l'émotion est le déclencheur idéal pour notre pratique d'Observation Intérieure.

Allons-nous entendre l'appel ou allons-nous passer notre chemin ?

Concrètement, comment faire ?

Bien sûr, pratiquer l'Observation Intérieure ne signifie pas que nous devons arrêter ce que nous sommes en train de faire, en nous asseyant en tailleur par terre les yeux fermés. Peu à peu, nous allons découvrir qu'il est possible de mener des activités quotidiennes, tout en étant vigilant à ce qui se déroule en nous-mêmes. Au début, nous pourrons ressentir le besoin de fermer les yeux, ou de rester immobile un moment, mais progressivement, nous allons réussir à être actifs extérieurement tout en étant vigilants intérieurement, et ce de plus en plus souvent.

Commençons donc par choisir des situations dont nous pouvons facilement nous retirer quelques instants pour pratiquer notre Observation Intérieure, en fermant les yeux ou tout du moins en restant relativement immobiles.

Des situations propices

- Supposez que vous soyez seul en train de regarder la télévision, et une émotion se lève en vous. Vous pouvez parfaitement éteindre deux ou trois minutes, fermer les yeux, et vous plonger en vous-même.
- De même avec un livre. Vous pouvez parfaitement fermer les yeux quelques instants pour accueillir une émotion, puis reprendre ensuite votre lecture.
- En train de faire la vaisselle, seul chez vous. Si une émotion se lève en vous,

vous pouvez tout à fait arrêter 1 ou 2 minutes, fermer les yeux en restant à votre place, puis reprendre après votre vaisselle.
• Avec d'autres personnes, vous pouvez trouver le moyen de vous isoler quelques instants avant de revenir après.
• En train de travailler à un bureau. Lorsqu'une émotion se lève, vous pouvez arrêter quelques instants votre travail et laisser monter ce qui cherche à s'exprimer en vous.
• En prenant un bain ou aux toilettes. Etc.

Il existe aussi toutes sortes de situations où nous sommes relativement passifs et qui permettent facilement de pratiquer l'Observation Intérieure, tout en gardant les yeux ouverts :
• Vous êtes dans les embouteillages, et une émotion se lève en vous. Vous pouvez continuer à conduire lentement tout en étant pleinement ouvert et vigilant à ce qui se passe en vous.
• Vous marchez seul dans la rue, et une émotion se lève en vous. Vous pouvez continuer à marcher calmement tout en tournant votre attention vers ce qui se déroule en vous.
• Dans une file d'attente. Etc.

Déjà, à travers toutes ces scènes classiques de notre quotidien, nous découvrons de nombreuses opportunités pour pratiquer notre méditation.

EXERCICE

Parmi les différents exemples que l'on vient de décrire, choisissez une ou deux scènes de votre quotidien où il vous semble possible de pratiquer l'Observation Intérieure.

Dans les deux jours qui suivent, fixez comme objectif d'être particulièrement vigilant sur les émotions qui pourraient se déclencher dans ces moments-là et de pratiquer quelques minutes l'Observation Intérieure en cas d'émotion.

Bien sûr, si des pensées parasites sont présentes, vous pouvez commencer par chercher l'émotion qui se cache derrière.

Ainsi, vous allez constater qu'il est possible d'installer en quelques instants une qualité de vigilance intérieure permettant une pratique identique à celle que nous exerçons quotidiennement au calme, assis dans notre posture.

Le temps réel de méditation dans une journée va donc considérablement augmenter. De plus, ces moments de méditation sont particulièrement bénéfiques puisqu'ils interviennent au moment où nous en avons le plus besoin, c'est-à-dire quand une émotion se lève en nous.

En pratiquant régulièrement, vous allez affiner votre capacité de vigilance intérieure en phase d'activité. Vient un moment où quelques secondes suffisent à accueillir intérieurement un phénomène qui monte en nous.
Par exemple, vous pouvez très bien être en train de discuter avec un groupe d'amis et vous sentez une émotion se lever en vous ; en quelques secondes, vous pouvez ressentir et laisser monter les sensations en vous, avant d'enchaîner dans la discussion, sans même que votre pratique soit visible de l'extérieur.

Progressivement, la pratique survient d'elle-même. Cette ouverture à ce qui se passe en nous devient un état naturel plutôt qu'une action particulière.

Pratiquer *a posteriori*

Parfois, nous nous retrouvons dans des situations qui requièrent une grande concentration. Bien que nous percevions la montée d'une émotion en nous, certaines situations rendront très difficile une pratique immédiate de l'Observation Intérieure, même pour quelques secondes.

Supposez que vous soyez en train de faire une présentation orale particulièrement importante devant des personnes très attentives à ce que vous dites. Même si vous percevez intérieurement une émotion, il vous faut mobiliser votre attention dans votre prestation et il est très difficile, voire risqué de vouloir consacrer une partie de votre attention à l'expression en vous de cette émotion.

De même, si vous devez trouver très rapidement une solution face à une situation dangereuse, vous n'aurez généralement pas la disponibilité pour accueillir pleinement ce qui monte en vous.

Ainsi, certaines situations nécessitant une forte mobilisation de l'attention ne permettront pas de pratiquer sur le vif l'Observation Intérieure, à moins d'être très avancé en la matière. La solution consiste alors à différer la pratique. *A posteriori,* nous pouvons nous installer calmement et méditer en prenant appui sur l'épisode que l'on a vécu. Si une émotion s'est effectivement levée pendant l'épisode, nous pouvons nous la remémorer *a posteriori* et celle-ci remontera en nous, c'est alors le moment de pratiquer notre Observation Intérieure.

Ce genre d'épisode particulièrement intense a un potentiel émotionnel fort et peut réveiller de puissantes émotions comprimées. Ne gâchons pas l'opportunité de voir ce qui s'est levé en nous à ce moment-là.

EXERCICE

Petit à petit, habituez-vous à déceler les émotions qui montent en vous dans votre vie quotidienne. Pratiquez alors autant que possible l'Observation Intérieure, sur le vif ou a posteriori, *en fonction des situations.*

Créer des situations propices

Les émotions et la pratique d'Observation Intérieure peuvent survenir à l'improviste, mais nous pouvons aussi chercher à provoquer certaines situations potentiellement émotionnelles.

Provoquez vos émotions

En effet, connaissant l'immense valeur des émotions comme point d'appui dans le cadre de la méditation, il peut être judicieux de chercher à faire monter certaines émotions.

Pour quelqu'un de timide, cela peut être aussi simple que d'aller demander l'heure à une personne dans la rue. Juste avant, pendant et après avoir demandé l'heure, la personne timide peut accueillir sa peur, la laisser s'exprimer en elle.
Voici une série d'autres exemples :

- Vous avez peur du regard des autres. Vous décidez alors d'aller vous promener dans la rue dans une tenue un peu extravagante. Tout du long, vous méditez.
- Vous avez peur de vous sentir abandonné. Vous partez un week-end seul dans un pays étranger.
- Vous avez peur de vous faire voler. Vous donnez un billet de dix euros à quelqu'un dans le besoin dans la rue ou bien vous invitez un ami à dîner au restaurant et vous réglez la note. Voyez ce qui monte en vous.
- Vous avez peur du contact avec les personnes du sexe opposé. Vous essayez un cours de tango.
- Vous sentez que vous avez un problème avec la mort. Allez visiter un cimetière et voyez ce qui se lève en vous.
- Vous ne supportez pas les affrontements ou la domination physique. Allez faire un cours d'essai de judo ou de karaté.
- Vous ne supportez pas la foule. Allez voir un match de football au stade ou allez à un grand concert et observez ce qui monte en vous.
- Etc.

Pour libérer des émotions réprimées

Le but de ces situations provoquées est de faire monter intérieurement une certaine émotion que nous pressentons en nous, mais qui n'arrive pas à pleinement s'exprimer. Si l'émotion en question est libre de s'exprimer en nous, alors il n'est bien sûr pas nécessaire de provoquer de telles situations. Ainsi, ce genre d'exercices est particulièrement indiqué pour les personnes qui ont tendance à réprimer leurs émotions. En se plaçant dans des situations relativement intenses, l'émotion aura beaucoup plus de chance d'arriver à monter à la surface.

Préparez-vous à l'avance

Il existe aussi des situations où nous savons par avance qu'elles peuvent susciter chez nous des émotions particulières. Prenons l'exemple de quelqu'un qui se sent toujours profondément triste au moment des départs, au moment de quitter des proches ou des amis. Connaissant cette tendance, la personne peut se préparer au prochain départ qu'elle aura à vivre, elle peut se fixer comme objectif d'aller méditer quelques instants immédiatement après ce prochain départ. Ainsi, elle pourra laisser monter en elle la tristesse et sans doute la vieille émotion qui l'habite depuis longtemps.

Voici d'autres exemples :

- Si vous savez que vous êtes compétiteur, que vous voulez toujours gagner, que vous supportez mal de perdre : au prochain match, ou au prochain jeu auquel vous participez, préparez-vous à voir les émotions qui vont monter en vous.
- Vous savez que vous avez une angoisse dans telle ou telle situation. Préparez-vous à méditer pendant cette situation.
- Vous savez que vous êtes particulièrement joyeux quand votre patron dit du bien de vous. Préparez-vous à vivre pleinement cette joie lorsqu'une telle situation risque de se présenter.
- Vous savez que vous ne supportez pas de vous retrouver dans de longues files d'attente. Ce samedi soir, vous allez au cinéma et il y aura beaucoup de monde. Préparez-vous à l'avance à méditer.
- Etc.

Nous pouvons également nous installer dans notre posture assise de méditation et penser à une situation potentiellement porteuse d'une émotion. Le simple fait d'y penser peut permettre à l'émotion de se lever et nous pouvons alors engager notre pratique à partir de là.

EXERCICE

Si vous sentez que vous avez du mal à vous ouvrir à certaines émotions particulières, cherchez des situations qui les susciteront en vous. Veillez à bien méditer avec l'émotion lorsqu'elle se lève alors.

Obstacles et écueils

Abordons maintenant quelques obstacles et écueils que l'on peut rencontrer dans la pratique et la façon de les contourner.

Pour tout problème, une solution

Lors de notre pratique, assis au calme, ou bien dans notre quotidien, certains d'entre nous peuvent découvrir de fortes émotions ou sensations internes. Nous l'avons déjà mentionné, si nous nous sentons dépassés par cette intensité en nous, il est conseillé de faire appel à un Instructeur de méditation ou un thérapeute qualifié. De même, si nous sommes confrontés à des épisodes difficiles de notre passé qui remontent en méditation, ou si nous nous sentons trop déséquilibrés par les découvertes que nous faisons lors de nos méditations, alors ici également, il convient de rechercher une personne pouvant nous aider et nous guider. Nous parlerons un peu plus loin dans cet ouvrage de l'aide que l'on peut recevoir d'un Instructeur de méditation.

Toujours est-il qu'à tout problème rencontré dans la pratique de méditation, il existe une solution, et qu'aucun obstacle ne saurait constituer un point de blocage rédhibitoire.

Une technique pour des nœuds intenses

Si nous sentons un nœud intense en nous et que nous nous sentons capables de l'approcher seuls, nous pouvons tenter la technique suivante en parallèle de notre pratique assise. Il sera toujours temps de rechercher une aide après si cela ne suffit pas. Il s'agit d'impliquer l'expression du corps dans la méditation comme l'explique l'exercice ci-dessous.

EXERCICE

Au lieu de méditer assis dans notre posture, nous nous allongeons par terre ou sur notre lit à un moment où nous sommes parfaitement seuls chez nous. Pas de minuteur.

Une fois bien installés, sur le dos, bras et jambes ouverts, confortablement, les yeux fermés, nous laissons monter en nous l'émotion ou la tension interne qui nous agite. Au lieu de rester immobiles, nous avons ici le droit d'exprimer des sons et de bouger le corps pour accompagner l'expression de ce qui monte en nous.

L'exercice ne fonctionne que si nous nous laissons totalement aller, dans la même disposition d'ouverture que pendant nos méditations assises. Comme vous le constaterez, vous gardez toujours la possibilité d'arrêter l'expérience quand vous le souhaitez.

Si jamais ce qui monte en vous vous semble trop fort ou difficile à accueillir, arrêtez cet exercice et n'hésitez pas à rechercher une personne qualifiée pour vous aider.

Dans cet exercice, tous les sons et tous les mouvements sont permis, bien sûr sans vous faire de mal physiquement. Vous pouvez prononcer quelques mots ponctuellement, mais évitez de faire des phrases enchaînées qui vous impliqueraient dans les pensées plutôt que dans le ressenti.

Si vous vous laissez embarquer dans les pensées, la méthode est la même que dans nos méditations assises, à savoir commencer par revenir sur la respiration avant d'accueillir ce qui monte. Dans le mouvement de la respiration, l'expire est propice à laisser monter ce qu'il y a en nous, à s'abandonner, et vous pouvez donc accompagner avec attention l'expire.

Dans cet exercice, vous pouvez extérioriser vos émotions comme la tristesse, la colère, la peur, la joie... Allez-y.

Après avoir terminé l'exercice, quand ce qui devait s'exprimer s'est exprimé, revenez doucement suivre le mouvement de votre respiration pendant 1 ou 2 minutes, détendez-vous. Ouvrez les yeux. Aérez ensuite la pièce une dizaine de minutes.

Si cet exercice vous a plu, vous pouvez le répéter régulièrement, tant que vous en sentez le besoin. Cela peut grandement aider à se libérer de nœuds intenses.

Se libérer de l'impatience

Certains apprentis méditants peuvent se trouver confrontés à l'impatience. Nous vivons dans une société où nous avons pris l'habitude d'obtenir rapidement ce que nous souhaitons et nous avons parfois du mal à attendre. Nous voulons des résultats, et vite. Certes, une pratique régulière amènera des résultats et vous pourrez constater une progression. Néanmoins, certains aspects du travail intérieur n'aboutiront pas en seulement quelques semaines ou quelques mois. Certaines tendances liées à certaines émotions comprimées, profondément ancrées en nous, pourront constituer des points de résistance durables en nous. Mais peu à peu, nous nous en libérerons.

Ne fixons donc pas des exigences de résultat. Nous pouvons fixer des exigences pour notre pratique, mais pas pour le résultat. La profonde complexité de tous les phénomènes internes qui nous habitent est animée par des rythmes qui nous sont inconnus. Tout comme la durée de la gestation chez l'humain est de 9 mois, tout comme le rythme des semis, de la pousse et des récoltes obéit à des règles naturelles, certains phénomènes de maturation intérieure ont un rythme propre qui s'impose à nous. Faisons de notre mieux notre pratique de méditation et laissons à la vie le soin de décider de nos progrès.

Les grandes transformations intérieures que permet la méditation viendront d'elles-mêmes. La paix intérieure, l'amour inconditionnel, la connaissance profonde de l'Existence, la réalisation de l'identité véritable de tout Être, et les nombreuses qualités humaines qui les accompagnent viennent d'elles-mêmes en temps voulu. Elles ne viennent pas par hasard, et celui qui n'a pas semé ne récolte pas.
Mais ce n'est pas celui qui a semé qui fait pousser le blé.
Ainsi, si nous sommes motivés, mettons notre cœur et notre énergie à l'ouvrage et faisons confiance à la vie pour produire les fruits de nos efforts.

Se libérer de l'idéalisme

Certes, les grandes réalisations auxquelles on peut accéder par la méditation sont attirantes. Si attirantes que l'on est parfois tenté par un idéal spirituel au point de renier tout ce qui en nous n'est pas conforme à cet idéal. On veut alors être arrivé au but sans avoir fait le chemin qui nous en sépare. Nous refoulons par exemple les émotions de colère parce qu'elles ne correspondent pas à notre idéal d'amour bienveillant. Ce genre d'illusion ne peut durer qu'un temps et, bien vite, notre réalité intérieure se rappellera à nous. S'imposer une apparente perfection spirituelle en reniant notre réalité intérieure est une erreur complète. Ce n'est qu'en étant parfaitement en paix avec notre réalité intérieure que les grandes réalisations spirituelles sont possibles.

Le soleil se levait, les oiseaux chantaient, le jeune moine marchait gaiement, convaincu qu'il était libre du désir, lorsqu'une jeune bergère lui proposa un peu d'eau...

Un pratiquant de méditation n'est pas forcément serein, paisible, en toutes circonstances. S'il médite, s'il s'exerce et qu'il travaille sur lui-même, c'est justement parce qu'il sait bien qu'il n'est pas encore parvenu à trouver une paix stable et durable en lui. Ainsi, un pratiquant de méditation peut être parfois perturbé, agité, et même se montrer plus sensible, plus réactif à certaines circonstances que d'autres personnes qui ne méditent pas. En accueillant de vieilles émotions comprimées qui remontent en nous, il est naturel d'être parfois plus à fleur de peau qu'une personne qui vivrait une vie bien contrôlée et chez qui les profondes émotions comprimées resteraient refoulées.

Lorsque vous videz votre grenier, il y a parfois de la poussière dans toute la maison.

Certains apprentis méditants veulent montrer aux autres leurs progrès, leur profonde compréhension de la vie. Bien souvent se cache là un besoin de reconnaissance. On prend alors l'apparence de la sagesse, à défaut d'être sage. On essaye de montrer une image impressionnante de soi-même. Si nous nous surprenons dans une telle situation, prenons-le avec le sourire et méditons sur ce besoin de reconnaissance, entrons en amitié avec lui. Un méditant ne doit pas chercher à être parfait, il doit chercher à parfaitement être lui-même, avec toutes les facettes que cela comprend.

Certains croient à tort que la méditation est une pratique sérieuse, grave. Ils prennent un air sérieux, un peu constipé. Certes, l'enjeu de la méditation est immense. Certes, la pratique doit être engagée, rigoureuse. Mais ne confondons pas rigueur et gravité. La méditation vise à accueillir toute la vitalité qui est en nous. Un apprenti méditant peut être drôle, décontracté, peut se tromper dans ce qu'il dit ou ce qu'il fait, peut être perturbé, peut être parfois rebelle ou provocateur, il peut manifester de la sensibilité, des émotions, il peut être gai et spontané... Si nous avons tendance à adopter une attitude sérieuse et un peu crispée sous prétexte que nous sommes devenus des apprentis méditants, reconnaissons-le avec le sourire, cherchons-en la cause et détendons-nous.

Gérer l'envie de partager

D'autres apprentis méditants sont si « emballés » par leur découverte de la méditation qu'ils ressentent un puissant besoin d'en parler aux autres. C'est vrai, cette pratique est un trésor formidable, et l'on peut ressentir une envie légitime de le partager avec d'autres qui ne l'ont pas encore découvert. Certaines personnes seront immédiatement réceptives et intéressées, d'autres beaucoup moins. La méditation ne peut pas être imposée à une personne qui n'y est pas ouverte, on ne peut pas convaincre une personne qu'il faut qu'elle médite, cela doit venir d'elle-même. Ainsi, lorsque l'on sent une personne susceptible d'être ouverte à la méditation, on peut simplement « tendre une perche » dans la conversation et voir si la personne la saisit, sans plus. De façon générale, se contenter de répondre aux questions que l'on nous pose concernant notre pratique de méditation est une bonne ligne de conduite.

Naturellement, si nous sommes sincèrement engagés dans notre pratique, certaines personnes commenceront à sentir consciemment ou inconsciemment qu'il se passe quelque chose en nous et s'intéresseront à ce qui a bien pu nous transformer ainsi. Contentons-nous de bien pratiquer notre méditation, d'être ouverts à ceux que cela pourrait intéresser, sans vouloir l'imposer à tous. Par ailleurs, si nous répondons à des questions ou que nous partageons notre expérience de la méditation, précisons avec humilité notre niveau d'expérience : si nous débutons, nos propos seront nécessairement ceux d'un débutant.

Développer l'Intelligence

Ce merveilleux outil qu'est la pensée, cherchons maintenant à l'exploiter au mieux.

Les fausses croyances

Pour l'instant, nous avons établi une distinction entre les pensées utiles et les pensées parasites. Nous avons découvert que les pensées parasites sont générées par des émotions parasites qui trouvent leur source dans des émotions comprimées en nous.

Il est temps de faire une nouvelle découverte : une émotion comprimée est accompagnée de fausses croyances. Le nœud intérieur associé à une émotion comprimée est en réalité composé de deux éléments : l'émotion comprimée elle-même et un ensemble de fausses croyances.

Prenons un exemple :
Supposons qu'à l'âge de trois ans, une petite fille ait vu son père quitter le domicile familial pour aller vivre définitivement avec une autre femme. Devenue adulte, supposons qu'elle garde en elle une blessure d'abandon liée à cet épisode, avec une grande tristesse qui est restée comprimée en elle. Voici quelques croyances qui peuvent accompagner cette tristesse comprimée :

- on ne peut pas faire confiance aux hommes ;
- je ne suis pas aimable (puisque mon père m'a quittée) ;
- je ne mérite pas d'être heureuse ;
- je suis nulle ;
- ce à quoi je tiens, je risque fort de le perdre ;
- mieux vaut ne pas posséder plutôt que de souffrir de perdre ;
- mieux vaut ne pas s'attacher plutôt que de souffrir de la séparation ;
- une menace pèse toujours sur moi ;
- ce que je veux vraiment, je ne l'aurai pas ;
- etc.

Intuitivement, on comprend aisément que ce type de croyances ait pu s'installer en elle suite à l'épisode difficile vécu par cette petite fille. Mais détaillons ensemble les mécanismes en jeu.

Comment et pourquoi naissent ces croyances ?

Lorsqu'un épisode difficile conduit à la répression d'une émotion en nous, notre organisme cherche d'une part à empêcher l'expression de l'émotion mais, d'autre part, il cherche aussi à empêcher que se reproduisent des situations susceptibles de déclencher cette émotion.

C'est une stratégie complète pour empêcher que cette émotion s'exprime. Pour éviter que certains types de situations se reproduisent, notre organisme va mettre en place un certain nombre de croyances qui vont orienter notre vie. Par exemple, la croyance « on ne peut pas faire confiance aux hommes » va empêcher d'accorder sa confiance aux hommes, si bien que la femme évite ainsi le risque d'être abandonnée à nouveau.

- « Je ne suis pas aimable » empêche de se laisser aimer et d'entrer en relation amoureuse, par peur d'être abandonnée ensuite.
- « Je ne mérite pas » ou « je suis nulle » empêche de se laisser aimer et vise aussi à s'empêcher d'exister, ce qui *a fortiori* empêchera tout risque d'être abandonnée. Être nul signifie être zéro, c'est-à-dire ne pas exister en tant que personne. Parfois, la répression est si forte en nous que l'on préfère ne pas vivre plutôt que de s'exposer à ce qu'on réprime.
- « Ce à quoi je tiens, je risque fort de le perdre » ou « une menace pèse toujours sur moi » vise à nous mettre dans un état d'alerte permanent afin d'éviter tout risque de perte, ce qui serait vécu comme un abandon.
- « Mieux vaut ne pas posséder plutôt que de souffrir de perdre » ou « mieux vaut ne pas s'attacher plutôt que de souffrir de la séparation » ou « ce que je veux vraiment, je ne l'aurai pas » vise à empêcher de s'attacher ou de posséder afin de ne pas risquer de sentir un abandon en cas de perte.

Ainsi, on comprend bien comment tout un ensemble de croyances peut s'organiser autour d'une émotion comprimée, au sein d'un nœud intérieur.

Évidemment, ces croyances sont fausses. Elles constituent une représentation biaisée de la réalité, ce sont de fausses lois qui ne sont pas issues d'une observation objective de la réalité, mais qui sont des généralisations abusives à partir d'un événement particulier.

EXERCICE

Choisissez une émotion comprimée que vous avez découverte en vous, en lien avec un épisode passé. Essayez de lister des croyances associées à cette émotion comprimée.

Si vous avez du mal à en trouver, cherchez quelles croyances vous auriez pu mettre en place pour éviter qu'un épisode similaire à l'épisode « source » se reproduise.

En prenant les croyances une par une, vérifiez qu'il s'agit bien de fausses lois et non de vraies lois objectives.

En parallèle du travail de libération émotionnelle qui vise à accueillir les émotions comprimées, il est nécessaire de réaliser un travail de découverte des fausses lois qui entourent ces émotions comprimées. En les démasquant les unes après les autres, en voyant comment elles déforment abusivement la réalité du moment, nous allons peu à peu les dissoudre.

Vers une véritable intelligence

À mesure que nous allons progresser dans notre pratique, les pensées parasites vont diminuer en intensité et en fréquence et les fausses croyances qui sont en nous vont se dissoudre.

Grâce à la méditation, nous sommes en train d'apprendre de vraies lois, qui vont remplacer les fausses lois qui régnaient auparavant en nous. Qu'il s'agisse du monde extérieur ou de la vie intérieure de l'Être humain, nous quittons nos fausses croyances et développons une connaissance objective.
Nous devenons plus intelligents.

La véritable intelligence est l'aptitude à représenter le plus fidèlement possible la réalité. Sans avoir démasqué les fausses croyances qui nous dirigent de l'intérieur et sans connaissance de la réalité intérieure, il ne peut y avoir de véritable intelligence.

N'oublions pas que l'intelligence n'est qu'une fonction de représentation, de conceptualisation, d'idéalisation. Et la véritable intelligence est aussi capable de se représenter fidèlement elle-même, de se penser telle qu'elle est avec ses limites : tout ce qui est du domaine de l'intelligence est virtuel, ce n'est qu'une représentation de la réalité et non la réalité elle-même. Tous les mots, tous les concepts ne peuvent que pointer vers la réalité. Ils ne sont pas la réalité. Celle-ci se révèle lorsque l'intelligence est capable de se résorber après avoir rempli sa fonction de pointage, d'indication.

Un doigt pointe dans le ciel vers la lune. L'intelligence véritable, c'est le doigt qui pointe effectivement vers la lune et non pas dans une mauvaise direction. Néanmoins la réalité, c'est la lune et non le doigt.

Grâce à cette intelligence raffinée par la méditation, nous allons mieux comprendre le monde, les autres, nous-mêmes, la structure de l'Être et de l'Existence. Cette intelligence véritable nous mènera dans la bonne direction.

À retenir... À retenir...

Une émotion comprimée est accompagnée d'un ensemble de fausses croyances.

Ces fausses croyances visent à empêcher que surviennent des situations capables de réveiller l'émotion comprimée.

Dénouer un nœud intérieur, c'est libérer l'émotion comprimée et se libérer des fausses croyances associées.

Développer le Oui vers l'extérieur

Grâce à la méditation, nous avons développé une attitude d'ouverture et d'accueil bienveillant à l'égard de ce qui se présente en nous-mêmes. « Oui » est sans doute le maître mot permettant de résumer l'essence de cette pratique d'Observation Intérieure dont nous commençons à découvrir les vertus. En vérité, nous pouvons naturellement adopter cette même attitude fondamentale, ce « Oui », à l'égard de ce qui se présente à nous dans le monde extérieur.

Oui aux situations

Parfois, ce qui nous arrive ne correspond pas à ce que nous désirons. Il est alors possible de chercher à réaliser à l'avenir ce que nous désirons, mais il est impossible de supprimer ce qui nous est déjà arrivé pour le remplacer par ce que nous désirons. C'est évident, n'est-ce pas ? Et pourtant, nous passons notre temps à contester, à nier ce qui est déjà arrivé et sur lequel il est impossible de changer quoi que ce soit :

- « Je n'aurais pas dû faire ça. »
- « J'aurais dû faire autrement »
- « Je n'arrive pas à accepter qu'il m'ait parlé ainsi. »
- « Si j'avais su, je n'aurais pas fait ça. »
- « Cela n'aurait pas dû se passer ainsi. »
- Etc.

Regardons précisément ce qui se cache derrière le refus d'une situation. Entendons-nous bien, le refus d'une situation est le refus de quelque chose qui est déjà arrivé, d'une situation déjà existante.

Supposez que vous soyez dans un état de profonde détente, de sérénité, lorsque vous pensez à cette situation. Naturellement, la situation ne vous pose alors pas problème, ce qui est arrivé est accepté. Donc, par pure logique, si la situation n'est pas acceptée, c'est qu'il y a en nous un état de tension qui se lève lorsque nous pensons à cette situation.

En vérité, ce qui est refusé, c'est cet état de tension interne. À partir du moment où l'état de tension interne est accepté, la situation est acceptée. C'est parce que nous ne supportons pas ce qui se lève en nous en lien avec une certaine situation que nous n'acceptons pas la situation en question.

EXERCICE

Installez-vous dans votre posture au calme. Pensez à une situation que vous avez du mal à accepter, que vous avez du mal à « digérer », à « avaler ». Laissez monter ce qui vient en vous. Découvrez la tension interne, la ou les émotions qui se lèvent. Pratiquez alors l'Observation Intérieure.

Après avoir bien accueilli ce qui est monté en vous, repensez à la situation qui était difficile à accepter. Qu'en est-il maintenant, est-ce que vous sentez que vous refusez toujours cette situation ? Est-ce que le refus s'est atténué ? Constatez que, si un refus est toujours présent, vous pouvez déceler un état de tension interne qui est toujours présent et refusé en vous.

Ainsi, dès que nous sentons que nous refusons une situation, nous pouvons engager notre pratique d'Observation Intérieure.

Refuser ce qui est déjà arrivé est inutile, stérile, consommateur d'énergie et de disponibilité intérieure, de plus cela entretient cette dangereuse tendance à se réfugier dans un monde virtuel personnel distinct de la réalité, et nous en connaissons les conséquences. Transformer un refus en acceptation nous libère intérieurement, nous rend plus disponible, plus énergique, plus vivant et mieux à même d'agir intelligemment en réponse à la situation.

Oui à l'action

Dans l'Observation Intérieure, nous avons pour l'instant maintenu une certaine immobilité ou, tout du moins, une certaine passivité physique. Découvrons maintenant qu'une attitude d'ouverture et d'accueil est pleinement compatible avec l'action. Lorsqu'un méditant se trouve impliqué dans une situation de vie, son action fait partie de sa pratique.

Une fausse idée consiste à croire qu'un méditant doit subir les situations sans essayer d'en modifier le cours, que la pleine acceptation d'une situation implique de la subir sans essayer de la changer. C'est tout à fait faux.

En réalité, une situation de vie est faite de deux composantes :

- la composante extérieure, c'est-à-dire la situation extérieure dans laquelle nous nous trouvons insérés ;
- la composante intérieure, c'est-à-dire ce qui se lève en nous au contact de cette situation.

La pleine acceptation d'une situation consiste à accepter ces deux composantes. Spontanément, de la composante intérieure peut émerger un mouvement d'énergie ou un désir qui va déclencher une action en réponse à la situation. Le méditant accepte donc dans un même état d'ouverture la situation, ce qui se lève en lui au contact de la situation, et l'action qui peut en découler.

Croire que l'on doit subir les situations sans agir en réponse consiste à n'accepter que la partie extérieure de la situation, tout en reniant la partie intérieure de la situation. Le méditant accepte la vie dans sa totalité, et il en fait partie intégrante. Un méditant n'exclut pas son corps et son énergie personnelle de la participation au monde. Il peut donc être pleinement actif tout en étant situé dans un état de grande vigilance.

Acceptation n'est pas résignation

En acceptant pleinement ce qui se présente, un méditant crée les bases d'une action appropriée à la situation.

Oui à ce qui se présente, Oui à ce qui se lève en moi, Oui à ma capacité d'action en réponse à cette situation, Oui à l'action dans laquelle je m'engage.
C'est à partir d'une vision globale de la situation que l'action prend place. Dans ces conditions, l'action a bien plus de chances d'être fructueuse.

L'action du méditant ne cherche pas à supprimer une situation, mais à la transformer. Chercher à supprimer une situation implique un refus de ce qui est déjà là. Chercher à transformer une situation implique qu'on accepte ce qui est déjà là, tout en acceptant la volonté de transformation qui l'accompagne.

Un judoka ne s'oppose pas à son adversaire, il utilise le mouvement de son adversaire.

Le méditant confirmé est donc parfaitement à l'aise avec l'action.
Une autre fausse idée consiste à croire que, puisque le méditant est occupé à observer, il est moins disponible pour l'action. En fait, l'état d'observation, d'ouverture et d'accueil est l'état naturel. Ce n'est pas une action, c'est notre nature. En méditant, nous ne faisons rien de particulier, nous ne sommes pas occupés à méditer, nous sommes simplement nous-mêmes, parfaitement disponibles, pour répondre aux exigences de la situation.

EXERCICE

Installez-vous dans votre posture assise, au calme, et entamez une pratique d'Observation Intérieure. Lorsque vous percevez un phénomène, quel qu'il soit, avez-vous besoin d'agir pour le percevoir ? Constatez que vous êtes comme un miroir dont la nature est simplement de refléter ce qui se présente devant lui, sans aucune action de sa part.

De la disponibilité intérieure du méditant peut donc naître une action mobilisant toute son énergie. Lorsque nous sommes sous l'emprise des pensées, nous sommes occupés, nous ne sommes pas disponibles. Une fois libérés des pensées, nous sommes disponibles pour accueillir ce qui est, à l'extérieur, en nous, et l'action qui en découle spontanément.

Précisons tout de même qu'une telle maturité dans l'action n'est possible qu'à partir d'une certaine aptitude à accueillir ce qui est. Ainsi, le méditant débutant aura besoin de développer une pratique d'Observation Intérieure au calme ou tout du moins dans des situations de relative passivité, afin d'apprendre à accueillir ce qui se déroule en lui-même. Sans cette aptitude à accueillir ce qui est en nous, l'action n'émerge pas d'une vision globale mais d'une mécanicité inconsciente.

Ainsi, dans un monde où nous passons notre temps à courir et à agir, il est nécessaire d'installer des moments de calme ou de relative passivité afin de développer notre sensibilité intérieure. Après une certaine progression dans cette pratique au calme, nous aurons le bonheur d'agir de façon harmonieuse à partir de notre état intérieur d'ouverture et d'accueil.

Oui aux autres

- « Il n'aurait pas dû agir ainsi. »
- « Il ne devrait pas être comme ça. »
- « C'est impossible de se comporter ainsi ! »
- « Des gens comme ça, ça ne devrait pas exister ! »
- « J'aurais voulu qu'il se comporte comme ceci plutôt que comme cela. »

Quel est le point commun entre toutes ces affirmations ?
Dans tous les cas, elles indiquent que nous refusons l'autre tel qu'il est, tel qu'il agit. Nous refusons la réalité qui vient à nous sous la forme de cet autre. Nous créons un monde virtuel où nous remplaçons l'autre par ce que nous souhaiterions qu'il soit. On retrouve notre bon vieux mécanisme de fuite devant la réalité pour se réfugier dans notre monde illusoire de pensées.

Pourquoi ne supportons-nous pas la réalité qui vient à nous sous la forme de cet autre ?
Le processus est en fait le même que dans notre refus de certaines situations. Il se lève en nous un état de tension interne déclenché par l'autre et nous ne supportons pas cet état. Pour supprimer cet état, nous essayons de supprimer virtuellement cet autre en refusant son existence telle qu'elle est. Évidemment,

cette stratégie mène dans un mur. L'autre est tel qu'il est.
En acceptant ce qui se lève en nous, il nous devient possible d'accepter l'autre, même si nous ne le comprenons pas, même s'il nous dérange, même s'il suscite en nous toutes sortes d'émotions. L'autre existe, ce qu'il a fait est arrivé, nous ne pouvons contester cet état de fait.

EXERCICE

Pensez à une personne qui vous dérange, que vous n'aimez vraiment pas. Si vous n'en trouvez pas dans votre entourage, pensez à un personnage historique connu pour ses méfaits.
Observez les pensées qui montent en vous concernant cette personne. Constatez si vos pensées tentent de refuser que cette personne soit telle qu'elle est, ou de refuser qu'elle ait agi tel qu'elle a agi : par exemple, « Elle n'aurait pas dû », « Il ne devrait pas être comme ça », etc.
Si vous sentez que vous êtes effectivement en train de refuser qu'une personne soit telle qu'elle est déjà, plongez en vous-même et cherchez la tension interne ou l'émotion que vous refusez. Pratiquez alors l'Observation Intérieure.
Après avoir accueilli ce que cette personne suscite en vous, repensez à nouveau à cette personne et voyez si vous acceptez maintenant son existence telle qu'elle est. Si vous ne l'acceptez toujours pas, voyez la tension qui demeure refusée en vous.

Dire Oui à l'autre, à ce qu'il est, à ce qu'il a fait, c'est tout simplement arrêter de délirer, au vrai sens du terme. À travers l'exercice ci-dessus, vous constaterez que l'absurdité qui consiste à refuser ce qui existe déjà trouve sa source dans un refus de notre état de tension interne. Une fois que vous acceptez ce que l'autre suscite en vous, vous êtes prêt à accepter l'autre tel qu'il est.

Mais accepter l'autre tel qu'il est, reconnaître son existence telle qu'elle est, cela ne signifie pas que l'on doit subir l'autre sans agir. De la même façon que nous pouvons agir dans une situation sur une base d'acceptation, il est possible d'agir en relation à l'autre tout en l'acceptant tel qu'il est.

Nous pouvons par exemple éviter de fréquenter une personne dont nous ne souhaitons pas subir la présence.
Nous pouvons parfois intervenir pour essayer de susciter une transformation chez une personne. Par exemple, lorsque nous éduquons un enfant, nous pouvons l'accepter tel qu'il est tout en l'amenant à évoluer.
Nous pouvons avoir des affinités avec certains et moins avec d'autres, tout en acceptant que chacun soit comme il est.
Etc.

Accepter l'autre, c'est aussi accepter ce qui se lève en nous au contact de l'autre. À partir de cette vision complète et en fonction des possibilités, nous pouvons agir pour faire évoluer notre relation à l'autre.

L'autre est comme il est.
L'autre est différent de moi, il fonctionne différemment.
Si j'étais l'autre, je serais comme lui.
L'autre est comme il est parce que tout un ensemble de causes l'a conduit à être ainsi.
La Vie a créé cet autre ainsi.
En refusant l'autre, je refuse la Vie.
En n'acceptant pas ce qui existe déjà, je veux l'impossible.
Peut-on être heureux en voulant l'impossible ?

Un méditant accompli est toujours d'accord avec la vie. Oui à la vie devant moi, Oui à la vie en moi, Oui à l'action qui en découle.

En développant ainsi notre pratique, nous découvrons qu'une attitude d'ouverture et d'accueil du monde extérieur est indissociable d'une attitude d'ouverture et d'accueil de notre vie intérieure. Le méditant accueille tous les phénomènes de son existence à partir du même état intérieur, quelle que soit l'origine de ces phénomènes : émotions, sensations, pensées, situations de vie, contacts avec d'autres êtres. Peu à peu, la distinction entre intérieur et extérieur disparaît.

À retenir... À retenir...

Le refus d'une situation
trouve sa source dans le
refus de la tension interne
liée à cette situation.

Oui à la vie devant moi,
Oui à la vie en moi,
Oui à l'action qui en découle.

L'acceptation n'est pas
la résignation,
mais la base de l'action
lucide.

Suivre le mouvement

Un méditant ne vit jamais dans la routine.
Un certain nombre d'entre nous se plaignent que leur vie est routinière et rêvent de changements, d'originalité. C'est vrai, des situations de vie semblent parfois se répéter de jour en jour. En revanche, pour celui qui est engagé dans la pratique de la méditation, chaque jour est nouveau, chaque heure, chaque minute, chaque instant apporte la fraîcheur de la nouveauté.

Une aventure de chaque instant

La méditation s'inscrit en effet dans un processus de croissance et de découverte de la Vie en nous. Ce qui monte en nous lors d'une pratique assis au calme ou bien au cours de notre vie quotidienne est une manifestation de la Vie en nous.

Si un processus émotionnel semble se répéter dans notre vie intérieure, c'est justement parce que nous n'avons pas encore suffisamment observé, accueilli, compris ce phénomène en nous. Il garde encore en lui un potentiel de nouveauté. Dès que nous avons pleinement pris conscience d'un phénomène émotionnel qui se déroule en nous, notre attention devient spontanément disponible pour de nouveaux phénomènes, et notre Observation Intérieure peut alors se diriger encore un peu plus profondément en nous-mêmes. Ce que nous observons en méditation est toujours vivant, dynamique et porteur de nouveauté.

Même pour une vie quotidienne la plus routinière qui soit, la méditation peut la transformer en une vie nouvelle, surprenante à chaque instant. Pour commencer, l'apprenti méditant pourra commencer à chercher en lui les tensions internes, les gênes intérieures que font lever en lui son quotidien apparemment routinier. S'il s'ennuie, il cherchera à sentir en lui les sensations internes qui se cachent derrière l'ennui.

Une découverte attend alors le méditant. Si sa vie lui semblait auparavant figée dans l'immobilisme, c'est justement parce que la vie en lui était bloquée, parce que les sensations désagréables liées à son quotidien n'étaient pas vécues, acceptées. À partir du moment où la vie intérieure va reprendre son dynamisme, il est fort probable que la vie quotidienne se transforme également et redevienne dynamique et changeante.

Et si le changement que j'attends dans ma vie venait d'abord de moi ?

Plus notre méditation s'affine, plus nous vivons l'instant présent dans sa plénitude, plus nous sommes vivants.

Ainsi, le méditant est engagé dans une aventure où chaque journée lui apporte son lot de nouveautés. La qualité de sa pratique va elle aussi évoluer, devenant de plus en plus fine, de plus en plus souple. En nous exerçant, nous allons constater notre progression. Au fil du temps, nous nous sentons plus vigilants, plus sereins, moins perdus dans nos pensées, vivant mieux nos émotions, plus sensibles, plus profonds. Mais cette progression se fait-elle au rythme d'un long fleuve tranquille ? Pas toujours. Il y a de temps en temps des rapides et des cascades.

Les moments de crise

Alors que nous nous sentions de mieux en mieux, de plus en plus paisibles, tout à coup, à la suite d'un événement particulier, nous nous sentons momentanément envahis d'une émotion puissante qui nous déstabilise et nous fait perdre cette belle stabilité intérieure que nous croyions acquise. Des pensées parasites nous submergent, nous imaginons des scénarios irréalistes, notre cœur se met à battre au rythme de l'émotion, nous réagissons de travers à la situation...

Est-ce le signe que toute notre pratique était inutile, puisque nous voilà à nouveau submergés et déstabilisés intérieurement ? Rassurons-nous, la réponse à cette question est non. Ce genre d'épisode est naturel et peut survenir, momentanément, même après quelques années de pratique.

En fait, lorsqu'une vieille émotion intense et comprimée remonte à la surface, elle peut s'accompagner de ce genre d'épisode. Notre équilibre s'était jusqu'à maintenant construit en intégrant un refoulement de cette vieille émotion. Grâce à notre pratique de méditation, nous avons enfin levé cette barrière intérieure, ce refoulement, et l'émotion remonte alors intensément à la surface. Lorsqu'une telle émotion se manifeste, elle peut nous prendre par surprise et nous déstabiliser.

Après ce moment de crise, il convient de se poser au calme et de réfléchir à ce qui vient de se passer : qu'est-ce qui a déclenché cette émotion, qu'est-ce qui a été réveillé en moi par cette émotion, qu'est-ce que j'ai ressenti ? Ainsi, nous nous préparons à mieux accueillir cette émotion lors de sa prochaine apparition.

Nous comprenons donc que certains épisodes intenses, certaines crises intérieures, ne sont en rien un signe négatif concernant notre progression. Ils sont plutôt un signe que la vie est en mouvement en nous, avec tout le potentiel de transformation que cela implique. Nous voilà prêts à franchir un nouveau cap dans notre pratique.

Imaginez un navigateur ayant déjà quelques années d'expérience. Arrivant par surprise au petit matin dans une nouvelle passe navigable dont il ne connaît ni les courants, ni les vents, ni les écueils, il est fort probable que ce navigateur connaisse quelques ratés avant de manœuvrer habilement dans cette passe. Il en va de même pour nous lors de certains passages dans notre progression.

Soyons donc souples, prêts à suivre le mouvement de la vie en nous, sans nous crisper et sans forcer notre stabilité intérieure, en gardant l'esprit d'aventure, l'innocence et l'humilité du débutant.

Un jour viendra où notre stabilité intérieure sera imperturbable, mais ne jugeons pas des épisodes d'instabilité comme négatifs, ils font partie du chemin.

Le fil conducteur

La pratique de la méditation s'inscrit donc dans le mouvement de la vie. Les phénomènes observés évoluent, la qualité d'observation évolue. Chaque session de méditation est différente, chaque journée de pratique apporte ses enseignements. Parfois, nous découvrons de nouvelles émotions enfouies en nous, parfois nous réalisons des compréhensions sur notre structure personnelle, parfois nous découvrons la force d'un point d'enseignement, parfois nous sommes absorbés vers les niveaux plus profonds de l'Être, parfois notre conception du monde et de qui nous sommes est modifiée, parfois nous sentons des sensations internes particulières au niveau du Cœur ou autres...

Tous ces enseignements quotidiens, issus de notre pratique, vont venir prendre place dans notre chemin ; ils vont venir s'articuler les uns avec les autres, les uns à la suite des autres, au sein d'un ensemble cohérent et dans une direction, celle de la connaissance et de l'épanouissement de l'Être.

Cette direction fondamentale, qui va devenir de plus en plus claire pour nous à mesure que nous progressons, va constituer le fil directeur de notre pratique de méditation. Bien que chaque session de méditation soit toujours nouvelle, nous allons toujours plus ou moins retrouver ce fil directeur là où nous l'avons laissé.

À chaque instant où la méditation se réinstalle en nous, nous reprenons le travail en cours là où nous l'avions laissé, comme un artiste qui retrouve son œuvre en cours de création, comme un sculpteur retrouvant son bloc de marbre dans l'état où il l'avait laissé, comme un compositeur retrouvant les dernières notes de musique couchées sur le papier. Parfois, ce fil conducteur sera une profonde émotion en train de revenir à la surface, parfois ce sera un point particulier d'enseignement... Ce fil conducteur évoluera au fil du temps. Il constitue un repère dans notre pratique, mais il ne devrait pas constituer une limitation et nous devrions toujours garder l'ouverture intérieure pour la nouveauté, tout comme un artiste suit une ligne directrice tout en s'ouvrant à sa créativité qui jaillit spontanément dans l'instant.

Avoir un fil conducteur permet d'enchaîner les perles que constituent nos moments de méditation. Un fil est souple.

EXERCICE

En ce moment, quel est le fil conducteur de votre pratique de méditation ?

Pour les autres

Selon vous, laquelle de ces deux personnes est la plus susceptible de venir en aide aux autres : l'une est constamment perdue dans ses pensées, insensible à sa vie intérieure, indisponible pour écouter et comprendre l'autre tel qu'il est, pleine de préjugés et de réactions mécaniques inadaptées aux situations... L'autre est ouverte et prête à accueillir l'autre tel qu'il est, est sensible à sa vie intérieure, sensible à l'autre, avec une véritable intelligence capable de s'ajuster aux subtilités de la situation ?

Vous connaissez bien sûr la réponse.
En réalité, la première personne n'est pas loin de ce que nous sommes avant d'avoir entrepris un travail intérieur, la seconde personne donne une idée de ce que nous pouvons devenir en méditant.

Un aveugle n'est d'aucune aide pour guider un autre aveugle.

Retrouver son Cœur

Non seulement le méditant va devenir apte à se tourner vers les autres, mais en plus de cela, il va en avoir envie.

À mesure que le méditant avance dans sa pratique, il va nécessairement entrer en contact avec un organe subtil de son corps : le Cœur. Bien sûr, nous savons qu'un organe physique appelé le cœur se situe dans notre cage thoracique. En méditant, nous allons découvrir qu'il se cache au milieu de la poitrine un système invisible mais bien réel qui produit en nous toutes sortes de sensations, le Cœur.

À nos débuts dans notre pratique de méditation, il est possible que nous ne parvenions même pas à ressentir de sensations dans la zone du Cœur. À mesure que nous pratiquons l'Observation Intérieure, nous allons commencer à ressentir des sensations dans le Cœur, des tensions, des pressions, des crispations et parfois des dilatations, comme s'il s'ouvrait comme une fleur. En réalité, les nombreux nœuds qui se sont installés en nous ont noué notre Cœur qui ne peut pas fonctionner librement. Grâce à l'Observation Intérieure, nous allons contribuer à dénouer ses nœuds et le Cœur va retrouver sa liberté, sa vitalité.

Découvrir l'amour véritable

Et qu'est-ce qui jaillit du Cœur lorsqu'il fonctionne naturellement ? L'amour. C'est comme l'eau qui jaillit spontanément d'une source. Aimer est donc un état intérieur, un jaillissement qui émane de l'Être. Lorsque la tête a été vidée de toutes ses pensées inutiles et de ses fausses croyances, et que le Cœur a été dénoué, l'amour se répand spontanément sur tout ce qu'il rencontre.

L'état intérieur d'amour rayonne comme un soleil qui illumine tout sans choisir. Une mère aimante aime inconditionnellement son petit, quoi qu'il fasse, quoi qu'il dise, quoi qu'il vive. Une personne réellement emplie d'amour aime tout ce qui se présente à elle comme si c'était son petit. Ainsi l'amour véritable ne dépend pas du support sur lequel il se dépose, tout comme la lumière du soleil ne dépend pas de ce qu'elle éclaire. L'amour véritable jaillit de l'Être à travers le Cœur et rayonne inconditionnellement.

Celui qui aime ainsi est heureux. Ce qui rend vraiment heureux, c'est d'aimer et non d'être aimé. On peut être aimé sans vivre du tout l'amour, le fait de se savoir aimé n'est alors qu'une pensée et pas un ressenti. À l'inverse, aimer est un vécu immédiat et ressenti qui emplit de bonheur.

Bien sûr, l'amour bénéficie aussi à celui qui le reçoit. L'amour est comme une plénitude qui se diffuse et qui emplit autant que possible ce avec quoi elle entre en contact. Si aimer rend immédiatement heureux celui qui aime, aimer a aussi pour fonction naturelle de contribuer à rendre heureux celui qui est aimé.

À travers sa pratique et sa redécouverte du Cœur, le méditant réalise qu'aimer les autres, qu'aimer vraiment, est l'une des plus belles choses qu'un être humain puisse vivre. Et cela ne s'arrête pas là. Comme nous allons le découvrir dans la suite de ce livre, l'amour prend encore une dimension supplémentaire lorsqu'il est soutenu et développé par certaines réalisations fondamentales qui attendent le méditant.

On entend parfois certains dire que la méditation est une pratique égoïste, qu'elle consiste à s'intéresser uniquement à soi, en oubliant les autres. En réalité, quelqu'un qui médite, quel que soit son niveau d'avancement, contribue au bonheur des autres.

Le débutant qui pratique développe sa sensibilité et sa disponibilité et devient naturellement plus à l'écoute des autres. Par ailleurs, en rétablissant de l'harmonie en lui, il va également diffuser un peu de cette harmonie autour de lui, ce qui bénéficiera aux autres.

Le méditant qui progresse dans sa pratique commence à redécouvrir son Cœur et à spontanément aimer les autres, ce qui l'amène à faire ce qu'il peut pour les autres et pour le monde. Peu à peu, l'amour pour les autres, l'amour pour tout ce qui existe devient l'expression même du méditant, l'expression de son Être.

À retenir...

Plus il progresse, plus le méditant aime les autres, aime la vie.

Aimer rend heureux.

Lorsque la tête est vidée de ses fausses croyances, lorsque le Cœur est dénoué, l'Amour rayonne spontanément et inconditionnellement.

Des aides supplémentaires

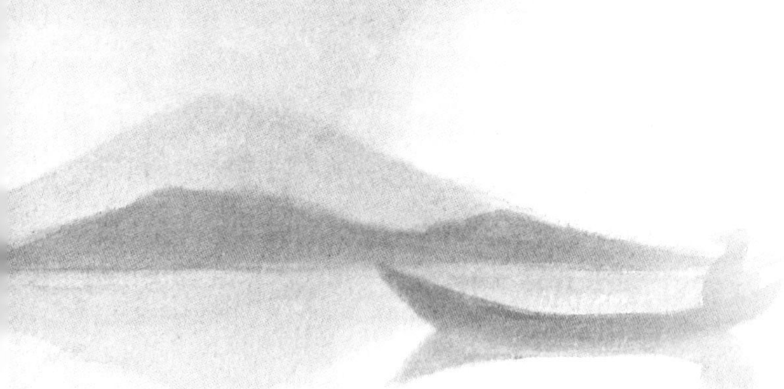

Un enseignement complet

Grâce à la méditation, nous réalisons que nous pouvons évoluer, mûrir, grandir intérieurement. Cette croissance intérieure ne se limite pas aux quelques moments que nous pouvons passer assis au calme dans notre posture, mais peut toucher toute notre vie. Dans notre monde moderne, beaucoup se sentent perdus et pensent que la vie n'a pas vraiment de sens, qu'au final toutes les façons de vivre se valent plus ou moins. Par sa pratique et sa propre expérience, le méditant redécouvre qu'il existe un chemin vers le bonheur, fondé sur une connaissance véritable et un épanouissement de l'Être. La méditation se révèle un formidable outil pour avancer sur ce chemin.

Différents chemins possibles

Il n'existe pas qu'un seul chemin vers le bonheur, mais la méditation se trouve au cœur de beaucoup d'entre eux. Différents chemins, différentes voies de transformation intérieure sont possibles. Ils présentent des caractéristiques différentes permettant à chacun de trouver une voie correspondant à son profil.

Certaines voies insistent sur l'action, d'autres sur la compréhension, d'autres sur la dévotion, d'autres sur la méditation assise, d'autres sur le développement d'une attitude méditative dans la vie quotidienne, d'autres incluent une grande part d'exercice physique… Une voie authentique donne à celui qui s'y engage des orientations précises permettant de transformer tout son quotidien en un support pour son cheminement vers le bonheur.

Ces voies intègrent donc la méditation dans un ensemble complet et lui donnent une place juste, adaptée aux besoins de la personne. Au fil de l'avancée dans la voie, la place de la méditation pourra d'ailleurs y évoluer.

L'envie de s'engager dans une voie

Ce livre transmet un ensemble d'informations permettant au lecteur de mettre en place une pratique de méditation, de progresser dans cette pratique et de la diffuser dans son quotidien, tout en développant une profonde compréhension des mécanismes en jeu et de la perspective fondamentale dans laquelle s'inscrit la méditation. Celui qui exploite vraiment à fond le contenu de ce livre peut en tirer de grands bénéfices.

Certains lecteurs vont aussi sentir naître en eux l'envie de consacrer plus de temps et d'énergie à ce chemin vers le bonheur qu'ils découvrent. Il est alors judicieux de chercher une voie qui nous corresponde. Cette voie intégrera notre pratique de méditation et l'ajustera précisément à nos besoins. De plus, nous y trouverons un soutien et des conseils nous permettant d'avancer pas à pas dans notre cheminement.

À travers des livres, des conférences, des stages, certains magazines, des rencontres, nous pouvons avoir un aperçu de différentes voies. Lorsque nous nous sentons attirés par une certaine voie, ne perdons pas de temps et approfondissons notre intérêt.

De nombreux sentiers mènent en haut de la montagne. Choisissons le sentier qui nous convient le mieux. Plus on se rapprochera du sommet, plus les sentiers se rapprocheront les uns des autres.

L'Instructeur de méditation

Si vous apprenez le piano ou le tennis, vous apprécierez sans doute l'aide d'un bon professeur. Plus encore que pour toute autre discipline, l'Instructeur de méditation peut jouer un rôle fondamental dans notre progression. Schématiquement, on peut distinguer deux catégories d'instructeurs de méditation : l'Instructeur qualifié et l'Instructeur confirmé.

L'Instructeur qualifié

L'Instructeur qualifié a acquis une profonde connaissance de la méditation et de lui-même. Il est toujours engagé dans son propre cheminement et n'est pas encore parvenu aux ultimes réalisations que permet la méditation. Néanmoins, il a développé une grande sensibilité, une qualité d'écoute, une finesse d'appréciation ainsi qu'une bienveillance spontanée à l'égard d'autrui. Ces qualités permettent à l'Instructeur qualifié d'éclairer notre compréhension de la méditation en répondant aux questions d'ordre général ainsi qu'aux questions précises sur des points particuliers. Il nous encourage et nous soutient dans notre propre cheminement. Si l'aide d'un Instructeur qualifié est effectivement précieuse, l'aide d'un Instructeur confirmé est inestimable.

L'Instructeur confirmé

L'Instructeur confirmé est parvenu au terme du cheminement personnel, les plus hautes réalisations de la méditation se sont faites en lui. Nous découvrirons en détail dans l'ultime chapitre de ce livre ce qui constitue ce point culminant de la méditation. Toujours est-il que l'Instructeur confirmé dispose d'une très grande sensibilité, d'une très grande qualité d'écoute, d'une intelligence pénétrante, et rayonne d'amour sur toutes celles et ceux qui viennent à lui. Tout ce que l'Instructeur qualifié peut faire, l'Instructeur confirmé peut aussi le faire, mais il peut bien plus encore.

Tout d'abord, la sérénité et le rayonnement de l'Instructeur témoignent de la puissance de la méditation et nous motivent fortement pour progresser nous aussi. Ensuite, il existe une aide que l'élève reçoit de l'Instructeur confirmé et que seule l'expérience permet de vérifier. En étant simplement en présence d'un Instructeur confirmé, l'élève reçoit de lui une influence subtile, non visible par les cinq sens. En pratiquant l'Observation Intérieure en présence de l'Instructeur confirmé, l'élève peut constater des modifications inhabituelles dans son énergie subtile sous forme de circulations, de diffusions, d'intensités... Il peut notamment sentir au niveau du Cœur qu'un travail subtil semble prendre place, visant à dénouer le Cœur, à l'ouvrir, à l'épanouir. Par ailleurs, l'élève peut constater que sa qualité de vigilance, sa présence à lui-même sont plus profondes en présence de l'Instructeur confirmé, comme si la qualité de vigilance de l'Instructeur semblait se diffuser autour de lui.

Ainsi, l'Instructeur confirmé enseigne à travers ses paroles et sa présence physique mais aussi à travers sa présence subtile. Dans différentes traditions spirituelles, il est d'ailleurs dit que la plus haute forme d'enseignement est celle qui se transmet en silence de l'Instructeur à l'élève. Si cette dimension subtile de l'enseignement nous surprend, restons ouverts à cette possibilité. En progressant dans notre pratique d'Observation Intérieure et en pratiquant auprès d'un Instructeur confirmé, nous pourrons avoir l'expérience directe de tout cela.

Ainsi, l'Instructeur de méditation nous tire vers le haut et sa présence constitue une grande aide pour notre progression.
Mentionnons également qu'autour de l'Instructeur se trouvent souvent d'autres élèves, ce qui donne l'opportunité de tisser des liens qui eux aussi nous soutiendront.

Dans la grande majorité des cas, un Instructeur de méditation a suivi une certaine voie de transformation intérieure, un enseignement particulier. Ce qui lui a permis de parvenir à un tel niveau de maturité est son engagement profond dans sa voie, où la méditation jouait un rôle clé. Souvent, l'Instructeur de méditation transmettra son enseignement de la méditation dans le cadre de la voie dans laquelle il est engagé. Parfois, certains Instructeurs diffuseront aussi de façon plus large leur enseignement de la méditation sans se limiter aux élèves engagés dans leur voie.

Le Maître spirituel

Lorsqu'un Instructeur confirmé de méditation enseigne également une voie complète dans son ensemble, il peut être désigné par le terme de Maître spirituel. Nous découvrirons aussi dans l'ultime chapitre de ce livre le sens véritable du mot spirituel. De la même façon qu'on utilise couramment le terme de maître pour désigner un instructeur d'une discipline : maître d'école, maître de musique, maître d'armes, etc., on utilise également le terme de Maître pour désigner celui qui enseigne une voie de transformation intérieure.

Pour celui qui s'est engagé dans une voie et qui vise les hautes réalisations, le Maître spirituel devient essentiel. Il est extrêmement rare de parvenir au terme du cheminement intérieur sans l'aide d'un Maître, c'est là une vérité statistique. Si nous nous sentons profondément attirés vers l'ultime sommet, tôt ou tard, un Maître spirituel apparaîtra sur notre route.
Si nous souhaitons simplement utiliser la méditation pour mieux vivre notre vie, sans forcément sentir un appel à gravir vers le sommet, nous n'aurons pas nécessairement besoin d'un Maître spirituel. Toutefois, un Instructeur de méditation pourra toujours nous être utile.

Précisons que la simple rencontre avec un Maître spirituel, sans être engagés pour autant dans une voie, est en soi une grande chance. Un Maître spirituel nous aime autant, que nous soyons engagés dans sa voie ou non, et en sa présence, nous pourrons recevoir son amour et son rayonnement subtil, ce qui mènera vers plus d'harmonie dans notre vie.

En vous renseignant, vous découvrirez qu'il existe certains Maîtres spirituels faisant autorité, qui passent de temps en temps non loin de chez vous. Si l'occasion se présente, n'hésitez pas à aller goûter à la présence d'un Maître. Que nous ne soyons pas engagés dans une voie ou bien que nous soyons engagés dans une autre voie que celle enseignée par ce Maître, nous bénéficierons grandement de cette rencontre.

Il existe toutes sortes de Maîtres spirituels authentiques. Certains s'inscrivent dans une lignée de Maîtres ou bien transmettent un enseignement traditionnel existant

depuis des siècles ou des millénaires, tandis que d'autres sont comme des électrons libres, transmettant de façon plus originale.
Au début, afin de faciliter vos premières rencontres avec d'authentiques maîtres spirituels, recherchez des Maîtres faisant autorité et s'inscrivant dans une lignée de Maîtres ou dans un enseignement traditionnel. Vous pourrez par la suite aller à la rencontre de Maîtres plus originaux.

EXERCICE

Comment est-ce que vous vous sentez par rapport à la notion de Maître spirituel ?
Si vous vous sentez dérangé à l'idée qu'une telle personne existe ou de la rencontrer, pratiquez l'Observation Intérieure pour découvrir votre ressenti. Essayez ensuite de comprendre pourquoi vous êtes ainsi dérangé.

On peut se promener seul en montagne. Mais pour gravir au sommet de la haute montagne, il faut un guide.

En quête de liberté

Tout disciple cherche à devenir libre, libre de ses conditionnements qui font bien souvent de lui un pantin mécanique, libre de vivre enfin son existence dans toute sa plénitude. Dans ces conditions, quel intérêt y a-t-il à établir un lien fort avec un Maître spirituel ? Ce lien ne constitue-t-il pas justement une entrave à notre liberté, une sorte de dépendance alors que l'on cherche justement l'autonomie intérieure ?

En vérité, un lien fort avec un Maître constitue souvent le plus court chemin vers notre propre liberté.

Imaginez que vous êtes dans un labyrinthe et que vous voulez en sortir pour être libre. Une personne vient à vous, celle-ci connaît le chemin vers la sortie du labyrinthe et accepte de vous mener vers cette sortie. Évidemment, vous allez faire en sorte de suivre les pas de cette personne sans la perdre de vue. À première vue, un observateur extérieur pourrait croire à ce moment-là que le fait de suivre cette personne entrave votre liberté et vous rend dépendant. En réalité, c'est en choisissant délibérément de suivre cette personne que vous serez rapidement conduit hors du labyrinthe. Parvenu à la sortie, vous vous retrouvez libéré du labyrinthe, mais aussi de cette personne qui vous a guidé. Le guide n'a pas d'autre but que celui de vous rendre libre, y compris de lui-même. Dans la relation forte à un maître, le disciple et le maître ont pour but ultime la liberté totale du disciple.

Le Maître spirituel : un accélérateur de pratique

Auprès d'un Maître spirituel ou d'un Instructeur confirmé, l'élève peut intensifier sa pratique. Nourrie par la présence, l'amour et l'énergie qui irradient spontanément du Maître, la vigilance de l'élève s'accroît et sa vie intérieure s'intensifie. Des émotions remontent à la surface, des barrières intérieures se dissolvent, des prises de conscience se font. Lorsque nous approchons un Instructeur confirmé ou un Maître spirituel, préparons-nous à cette formidable opportunité de voir notre pratique faire un bond en avant.

Les lieux saints et les voyages

**Souvenez-vous, dans les chapitres dédiés à la nature et à notre environnement proche, nous avons découvert que notre énergie subtile est en relation avec l'énergie subtile environnante. Ce qui se passe en nous est affecté par ce qu'il y a autour de nous.
Il existe des lieux connus pour leur influence particulièrement bénéfique.**

Des lieux puissants

Qui se trouve dans un tel lieu baigne dans une énergie exceptionnelle, dont l'influence sur son énergie personnelle est favorable. Le lieu nous tire vers l'harmonie intérieure, nous nourrit intérieurement et peut contribuer à dénouer des nœuds. Il peut aussi faciliter la plongée intérieure dans notre profondeur. En réalité, tous ces lieux ont des énergies particulières, comme différentes personnes ont des énergies différentes, et chaque lieu baigne ses visiteurs d'une influence spécifique. Certains les appelleront des Lieux saints, d'autres des Hauts Lieux.

Il existe des Hauts Lieux naturels. La configuration des éléments naturels rend parfois un lieu exceptionnel.

Il existe également des Hauts Lieux façonnés par la main de l'homme. Souvent à partir d'une certaine configuration naturelle, l'homme a construit un site selon des principes spécifiques. Temples, églises, cathédrales étaient auparavant construits selon des règles inspirées d'une connaissance profonde de l'existence. Cette connaissance a aujourd'hui disparu des principes de construction occidentaux. Elle s'appuie sur la réalité subtile, sur les énergies non perceptibles par les cinq sens.

Ce type de lieu était conçu et construit afin d'induire chez le visiteur une influence subtile particulière. Plus vous choisissez un lieu de culte ancien, plus vous avez de chance qu'il ait été construit selon cette science subtile.

EXERCICE

Près de chez vous, trouvez une cathédrale historique ou une vieille église, une vieille chapelle. Allez la visiter. Au moment où vous entrez, faites particulièrement attention à votre état intérieur et observez les changements au niveau de votre énergie personnelle. Ensuite, installez-vous assis et pratiquez alors l'Observation Intérieure. Après un moment, sortez du lieu et souvenez-vous bien de ce que vous venez de vivre. Recommencez avec un ou deux autres lieux de ce type.

Un autre exercice proche de celui-ci consiste à marcher calmement dans le lieu, à le parcourir de façon lente tout en pratiquant l'Observation Intérieure. À mesure que vous vous déplacez dans le lieu, constatez les changements qui s'opèrent en vous.

Si vous vous êtes effectivement rendu dans un lieu authentique, construit selon les vieux principes, alors vous avez senti qu'il se passe effectivement quelque chose d'inhabituel en vous lorsque vous êtes dans un tel lieu. Un peu à l'image de ce qui se passe en présence d'un Maître spirituel, notre paysage intérieur se modifie au contact du lieu. C'est une expérience directe, évidente. Si vous le souhaitez, vous pouvez recommencer plusieurs fois cette expérience pour être parfaitement convaincu que vous ne vous faites pas des idées.

Par la suite, si vous sentez une affinité avec un lieu de ce type, vous pouvez vous y rendre régulièrement et y méditer.

Il existe aussi des lieux qui sont devenus des Hauts Lieux car ils se sont imprégnés de l'énergie exceptionnelle d'une ou plusieurs personnes ayant vécu là. Un Maître spirituel rayonne autour de lui une puissante énergie qui imprègne durablement le lieu où il vit. Certains monastères, certains temples, certains lieux de retraite baignent dans l'énergie déposée là par un ou plusieurs Maîtres.

Le simple fait de méditer dans un lieu y fait rayonner une certaine énergie. Lorsque de nombreuses personnes méditent ensemble, autour d'un maître, le lieu est ainsi durablement rehaussé.

Se rendre régulièrement dans des Hauts Lieux nous soutient dans notre progression. Ils peuvent aussi nous permettre de nous stabiliser dans certains moments difficiles que nous traversons.

Comment faire d'un voyage une opportunité d'avancer sur notre chemin ?

Bien sûr, si notre voyage nous mène à un ou plusieurs Lieux saints, il sera favorable à notre progression. Mais outre ces passages par des Lieux saints, le voyage peut en lui-même constituer une belle opportunité de pratiquer notre méditation dans l'action.

Notre quotidien est souvent bien organisé, bien ficelé, afin d'éviter de réveiller nos nœuds intérieurs, nos vieilles blessures. Même si celles-ci ne se manifestent pas explicitement, notamment à travers des crises émotionnelles, nous savons grâce à notre pratique de méditation qu'elles parasitent notre existence depuis notre profondeur. Un voyage est en cela une belle opportunité de quitter notre vie routinière afin de se confronter à la nouveauté. En développant une attitude méditative pendant notre voyage, nous serons à même d'accueillir ce qui monte en nous au contact de cette nouveauté, et il y a de bonnes chances pour que nos nœuds intérieurs remontent à la surface.

De nombreux facteurs permettent cette rencontre avec la nouveauté :
• la richesse ou la pauvreté du pays visité ;
• la rencontre de la misère dans de nombreux pays : la faim, la maladie, l'insalubrité… ;
• l'approche différente de la mort et sa présence dans le quotidien ;
• les différentes religions ;
• les croyances et les coutumes ;
• la différence de rythme de vie ;
• la présence ou l'absence de la société de consommation ;
• les différences géographiques et climatiques ;
• la sérénité et le bonheur de vivre des gens ;
• etc.

Tous ces profonds changements par rapport à notre vie quotidienne peuvent créer en nous un grand brassage propice au réveil de ce qui reste caché dans notre profondeur. Bien sûr, certains pays présenteront une différence radicale avec notre pays d'origine tandis que d'autres en seront assez proches. Par exemple, l'Inde peut apparaître à un Occidental comme une autre planète, mais le voyage en sera d'autant plus riche.

Cette confrontation à la différence nous amène aussi à remettre en question de nombreuses croyances avec lesquelles nous vivons sans même nous en rendre compte. En découvrant comment vivent d'autres peuples, nous relativisons et cessons de prendre pour un absolu allant de soi notre façon de vivre et d'être. Il existe d'autres types de sociétés, d'autres systèmes de croyances, d'autres approches de la vie et de la mort, d'autres échelles de valeur… que les nôtres. Plus nous nous libérons de nos fausses croyances, plus nous revenons à une simplicité intérieure, à un état naturel d'ouverture. En cessant de surimposer à la réalité nos fausses idées préconçues, nous nous ouvrons pleinement au monde et aux autres.

Moins je suis encombré d'idées préconçues et de préjugés,
plus je peux m'ouvrir aux autres et à la différence.
Tant que je vois l'autre comme « différent », c'est que je garde en tête la comparaison avec moi.
Lorsque je m'ouvre pleinement à l'autre, il n'y a plus de place pour la comparaison avec moi, et l'autre n'est plus différent, il est ce qu'il est.
Alors, la différence s'estompe et apparaît l'unité entre l'autre et moi.
Dans un regard lumineux échangé avec l'autre, vous savez qu'au-delà des apparences se cache la même et unique source de vie.

Signalons encore une autre opportunité de pratique que présentent les voyages : l'imprévu. Un voyage est souvent une aventure comprenant toutes sortes de surprises. Nous sommes sortis de notre routine quotidienne et pouvons nous trouver confrontés à toutes sortes de situations imprévisibles, plus ou moins agréables. Voilà de belles occasions de développer notre « Oui », notre aptitude à accueillir ce qui se présente. N'oublions pas dans ces moments-là d'observer ce que la situation déclenche en nous.

Les pèlerinages sont considérés dans de nombreuses voies religieuses comme des supports de transformation intérieure. Tout voyage peut devenir un pèlerinage, si nous y intégrons notre pratique de méditation. Car alors, comme pour un pèlerinage, la véritable destination du voyage, c'est vous-même.

Les chants dévotionnels

Parmi la multitude des voies spirituelles, un certain nombre proposent de pratiquer des chants dévotionnels. Commençons par préciser ensemble ce qui est entendu par le terme « dévotion ».

La dévotion spirituelle

La dévotion est un profond désir de se consacrer entièrement à un but, de se donner à ce but. La dévotion spirituelle est donc le profond désir de se transformer intérieurement et de se donner pleinement à cette transformation. Traditionnellement, la dévotion s'appuie sur un support qui vient focaliser l'intention de transformation et de don de soi de l'élève. Ce support est généralement un maître vivant, un prophète comme dans le cadre des religions, un saint ou une sainte, une divinité...

De l'extérieur, on pourrait penser que ce support n'est qu'une personne et que la dévotion s'apparente à un culte de la personnalité. En réalité, l'apparence personnifiée de l'objet de la dévotion est une porte, un accès vers notre propre transformation. La dévotion dirigée vers une personne est en fait dirigée vers ce qu'incarne cette personne, c'est-à-dire l'aboutissement du cheminement intérieur et la pleine transformation intérieure. Un dévot de Jésus, de Mahomet ou de Krishna ou de bien d'autres encore sent en lui une profonde dévotion pour son maître, son prophète ou autres. Celui-ci incarne pour lui le but du chemin. Le dévot ne cherche pas à imiter, mais à suivre pour réaliser en lui-même ce dont le maître ou le saint témoigne.

Ainsi, le dévot de Jésus et celui de tel autre Maître spirituel sont engagés dans un processus de transformation dont la forme est différente, mais dont le but et la perspective sont identiques.

Plus largement, toute personne profondément engagée dans un cheminement spirituel est en réalité animée de dévotion car elle se consacre pleinement et se donne pour cheminer vers son but. Qu'il existe une personnification du support de dévotion ou non, peu importe, l'intensité fondamentale reste la même. Ainsi, si vous vous sentez profondément intéressé et engagé dans votre apprentissage de la méditation, vous partagez quelque chose de commun avec toutes ces personnes à travers le monde qui cheminent intérieurement.

Si vous entendez un chant dévotionnel sincère, quelle que soit la voie spirituelle dans laquelle il s'intègre, vous percevrez au-delà des mots une intensité que vous pouvez partager. Vous constaterez aussi que le Cœur est stimulé par ces chants.

Écouter

Bien sûr, si vous êtes engagé dans une voie qui intègre des chants dévotionnels, vous pouvez préférer écouter ceux-ci. Mais de façon générale, si vous êtes engagé dans une voie ou que vous vous intéressez simplement à la méditation, écouter des chants dévotionnels authentiques vous tirera vers le haut et peut constituer une nourriture précieuse dans le cadre de votre cheminement.

En cherchant parmi différentes traditions spirituelles, ou en approchant différents Maîtres spirituels, vous aurez la possibilité de découvrir différents types de chants dévotionnels. Trouvez ceux qui vous touchent, qui vous parlent. Ensuite, vous pouvez écouter ce type de chant quand bon vous semble : dans la voiture, au réveil, etc.

Chanter

Participer à des chants dévotionnels est en soi une pratique spirituelle. La tête, le corps et le Cœur participent ensemble à une même action dévotionnelle. De plus, les paroles et la musique des chants ont souvent été composées par des personnes particulièrement sensibles et engagées dans leur cheminement dévotionnel. En chantant ces paroles sur cette musique, nous nous mettons au diapason de cette intensité dévotionnelle. Le fait de partager avec d'autres le chant en rehausse l'intensité, et quand un maître est présent pendant ces chants, les conditions sont encore plus porteuses pour tous.

Juger avec condescendance quelqu'un qui est profondément dévoué à un saint, un prophète ou un maître est une erreur. À travers l'histoire de la spiritualité, la dévotion à un saint, à un maître ou à un prophète a conduit une multitude d'élèves vers la plus haute réalisation humaine. Si vous vous sentez gêné par de telles voies spirituelles, il est intéressant d'en chercher les causes en vous en pratiquant l'Observation Intérieure.

Ceci étant dit, il est tout à fait possible que les voies dévotionnelles ne conviennent pas à une personne et il existe beaucoup d'autres voies qui ne s'appuient pas sur la dévotion « personnifiée ».

Si les chants dévotionnels vous touchent, profitez-en. Si vous sentez que cela ne vous correspond pas, aucun problème, vous trouverez d'autres aides.

Le mantra

Dans certaines traditions, l'élève peut recevoir une formule à répéter intérieurement, mentalement. Cette formule, appelée mantra, est un ensemble de mots ou une courte phrase porteuse d'un sens fort au regard du cheminement de l'élève. Le mantra est ainsi répété pendant des périodes de temps plus ou moins longues, plus ou moins fréquentes. C'est un outil très particulier qui doit être reçu d'un Maître spirituel, avec les instructions appropriées.

Ses différentes fonctions

Tout d'abord, un mantra permet de limiter les vagabondages de la pensée.
En répétant intérieurement le mantra, l'élève cherche à maintenir son attention au contact du mantra et évite de se laisser embarquer par les pensées.
Cette fonction est relativement proche de celle remplie par la méditation de type Concentration, qui utilise le va-et-vient de la respiration comme support de Concentration.

Le mantra peut être répété intérieurement dans le cadre d'une pratique assise au calme ou en phase d'activité.

Ensuite, le mantra peut remplir différentes fonctions spécifiques, qui vont dépendre des besoins de l'élève.
Certains feront du mantra un usage très intensif, la signification et l'intensité de celui-ci canalisant l'énergie intérieure et desséchant les tendances parasites en nous. Il s'agit là d'une voie ascétique qui requiert un profil particulier.
Certains utiliseront le mantra comme un point de repère intérieur, comme une ancre jetée de plus en plus profondément et permettant de rester centré tout en observant les autres phénomènes intérieurs.
Certains utiliseront le mantra pour focaliser intensément l'attention et permettre ainsi une plongée vers la profondeur de l'Être, créant ainsi des conditions propices à des expériences fortes.

Le mantra reçu d'un Maître

Lorsqu'un maître transmet un mantra à un élève, il lui associe une certaine énergie subtile qui soutiendra la pratique de l'élève. Il s'agit d'un point que seule l'expérience personnelle permet de vérifier. Toujours est-il que l'élève bénéficie dans une certaine mesure de l'influence de son maître lorsqu'il pratique son mantra ; ce dernier constitue d'ailleurs un lien fort entre l'élève et le maître. Dans certaines traditions, le fait de recevoir le mantra du Maître officialise la relation Maître-élève.

Le Maître est à même de conseiller l'élève sur l'usage précis que l'élève doit faire du mantra, en fonction de son profil et de ses besoins.

Enfin, précisons que la récitation du mantra peut s'accompagner de diverses actions, postures ou synchronisations avec la respiration, qui en bonifieront les effets.

Ces quelques informations sur le mantra sont données pour éclaircir la notion parfois confuse qu'on en a. Il est déconseillé de se lancer seul dans la pratique d'un mantra. Il est préférable d'attendre la rencontre avec un Maître spirituel pour en recevoir un, si l'on en ressent le besoin. L'utilisation d'un mantra pourra constituer une aide pour notre progression en matière de méditation, il pourra aussi s'intégrer à une voie complète transmise par le Maître dont on a reçu le mantra.

Enfin, signalons qu'un mantra n'est pas indispensable et que l'on peut parfaitement parcourir l'intégralité de notre chemin sans y recourir.

Les rites

Lorsque des actions sont exécutées avec l'intention d'induire chez les participants une influence favorable à leur cheminement, elles forment un rite. Dans la plupart des voies spirituelles, il existe ainsi des cérémonies ou des rites chargés d'une signification ou d'un objectif particulier. Le méditant peut mettre à profit certains rites.

Si vous êtes engagé dans une voie spirituelle, bien sûr ses différents rites vous aideront. Si vous n'êtes pas engagé dans une voie particulière, mais que vous êtes engagé dans votre pratique de la méditation, vous pouvez aussi profiter de certains rites.

Tout d'abord, si vous sentez une affinité particulière avec tel ou tel Maître spirituel, n'hésitez pas à assister à une cérémonie s'il en existe autour de ce maître.

Ensuite, vous pouvez également installer autour de votre pratique de méditation certaines actions rituelles qui vous aideront.

Quelques exemples :

• Avant de pratiquer votre méditation, allumez une bougie placée devant vous. Pensez en allumant la bougie qu'elle représente la flamme de la vigilance qui doit régner en vous pendant cette pratique. La vigilance éclairera en vous comme la bougie éclaire autour d'elle.

• Avant d'entrer dans votre méditation et de fermer les yeux, faites tinter un bol tibétain. Fermez ensuite les yeux et écoutez le son du bol qui devient de plus en plus subtil. Le son focalise ainsi votre attention, vous fait quitter vos pensées, et exige de vous une attention de plus en plus fine à mesure que le son diminue en intensité. Essayez de suivre le son jusqu'à sa disparition complète. Au moment où il disparaît, vous êtes situé naturellement dans un état d'écoute intérieure très fine.

• Avant d'entrer dans votre méditation, vous pouvez effectuer une salutation. En vous agenouillant au sol, puis en posant le dessus du front contre le sol, vous symbolisez toute votre intention pour cette méditation : « Je me prosterne

devant ce qui Est, devant l'Existence que je m'apprête à accueillir en moi-même. »
En plaçant le dessus du front au sol, vous indiquez la place hiérarchique que vous attribuez à vos pensées, vous les déposez au sol, vous les inclinez devant l'Existence. Ainsi courbé en avant, votre Cœur se retrouve plus haut que votre tête, et vous indiquez par là la valeur supérieure que vous attribuez au Cœur par rapport à la tête. Car c'est en remontant au Cœur que l'on remonte vers la source en nous. Cette posture symbolise l'humilité, la pleine acceptation de l'Existence et la non-résistance à ce qui est déjà là. Par ailleurs, cette simple posture courbée en avant permet un léger étirement du dos propice à la méditation qui va suivre.

Vous pouvez également clôturer votre méditation par cette même salutation, qui viendra symboliser votre gratitude vis-à-vis de cette Existence dont vous faites partie et qui vous a permis de méditer ainsi.

Vous trouverez peut-être d'autres petits rites qui vous soutiendront dans votre pratique. Soyez habile et utilisez ce qui peut vous aider.

Voilà, nous avons fait le tour de ces différentes aides. La pratique de la méditation est désormais bien en place et bien soutenue.

Il est maintenant temps d'aborder les hautes réalisations qui constituent le but et la perspective ultime de la pratique de la méditation.

Mais au fait,
qui suis-je ?

Ma nature véritable

Jusqu'à maintenant, la méditation nous a permis d'épanouir et de mieux connaître notre vie intérieure. Mais la méditation peut nous emmener beaucoup plus loin. Elle peut nous permettre de découvrir, de réaliser qui nous sommes vraiment.

L'idée que nous nous faisons de nous-mêmes, de notre identité, a une importance capitale.

Il était une fois...

Un Roi vivait heureux dans son palais. Lors d'une promenade seul en forêt, il goûta un joli fruit coloré. Le fruit l'endormit instantanément et le Roi se réveilla deux jours plus tard, en ayant perdu une partie de sa mémoire. Le Roi savait toujours parler, il connaissait de nombreuses choses concernant la forêt et la nature, mais il avait complètement oublié qui il était et ce qu'il faisait là. Alors, le Roi pensa qu'il était en fait un habitant de la forêt, sans abri, menacé par les dangers de la forêt. Il se mit à avoir peur, à se crisper, à se barricader, guettant tous les dangers, toutes les menaces, il se nourrissait de racines et de feuilles et se cachait dans son abri de fortune. Il entendit bien le son des cornes des équipées lancées à sa recherche, mais il eut peur de cela également. Finalement, à bout de force, souffrant, il trouva le courage d'aller voir d'où venait ce son. Le Roi vit alors un homme soufflant dans la corne, il croisa son regard et reconnut son fidèle valet, il se souvint alors immédiatement de sa condition de Roi. Instantanément, il se détendit, retrouva son sourire et reçut ensuite tous les soins nécessaires.

Entre le Roi errant dans la forêt et le Roi dans son palais, la seule chose qui a changé, c'est que le Roi errant dans la forêt a oublié sa véritable identité et s'imagine une fausse identité. Il s'ensuit beaucoup de souffrance du fait de ce simple oubli.

Et nous, pour qui nous prenons-nous ? Avons-nous réellement examiné la question de notre identité ? Serait-il possible que nous pensions être un mendiant errant dans la forêt alors que notre véritable identité est tout autre ?

Dans notre monde occidental, certaines conceptions de notre identité, de qui nous sommes, se cachent dans la tête de beaucoup d'entre nous. Ces conceptions ne sont pas souvent formulées explicitement mais en voici quelques-unes :
- je suis un corps physique dirigé par un cerveau ;
- je suis la personnalité associée à ce corps physique ;
- je suis « Moi », sans pour autant être vraiment capable de préciser ce qu'est ce moi ;
- je suis « une âme », pour ceux qui sont rattachés au langage religieux, sans pour autant être vraiment capables de dire ce qu'est une âme.

La vérité est tellement plus belle que tout cela. La méditation va nous permettre de découvrir l'immensité qui sépare nos conceptions illusoires concernant notre identité et la vérité sur cette question.

En plongeant dans notre profondeur à travers la méditation, nous allons naturellement découvrir tout ce qui compose notre Être et nous pourrons donc faire l'expérience immédiate de la vérité concernant ce que nous sommes réellement.

Un constat simple

Avant de commencer la recherche de qui nous sommes vraiment, commençons par adopter une grande ouverture d'esprit. Essayons d'oublier toutes nos idées et nos croyances concernant qui nous sommes pour être prêts à découvrir par nous-mêmes notre véritable identité. Ayons donc l'innocence et le bon sens d'un enfant. Allons-y.

Le Témoin

En pratiquant l'Observation Intérieure, nous adoptons une position d'observateur à partir de laquelle nous observons tous les phénomènes qui se déroulent en nous : pensées, émotions, sensations. Les phénomènes se succèdent dans notre champ de perception interne mais le Témoin demeure présent, il observe. Cela, nous pouvons le vérifier à chaque fois que nous pratiquons l'Observation Intérieure.

Alors, de quel côté sommes-nous : du côté des formes qui défilent en nous ou du côté de l'observateur, du témoin qui observe tout cela ? Quand vous allez au cinéma, êtes-vous le spectateur ou le film ? La réponse est évidente, non ? L'exercice suivant vous donnera confirmation.

EXERCICE

• *Asseyez-vous dans votre posture, assis au calme chez vous. Concentrez votre attention sur votre pied droit. Vous sentez alors certaines sensations dans la zone du pied. Après quelques instants, oubliez votre pied et concentrez-vous quelques instants sur votre respiration jusqu'à bien suivre le fil de votre respiration, puis revenez à vous-même.*
Abordez la seconde partie uniquement après avoir terminé cette première partie.

• *Réfléchissez maintenant à ce que vous venez de vivre. Pendant un moment, vous avez observé les sensations au niveau de votre pied, puis celles-ci ont disparu et ont laissé place à de nouvelles sensations associées au va-et-vient de la respiration. Tout au long de cet exercice, l'observateur, le Témoin était présent. Les sensations, elles, vont et viennent. Vous n'avez pas disparu lorsque les sensations du pied ont disparu. Bien sûr, vous êtes celui qui est toujours présent. Ce que vous êtes réellement, en permanence, se situe donc du côté de l'observateur et non des formes.*

En ouvrant les yeux et en regardant autour de vous, le constat est le même. Vous êtes le témoin toujours présent de ce qui est en train de se passer tandis que les formes vont et viennent.

Pour le moment, notre compréhension est donc la suivante : ma véritable identité est celle d'un témoin, d'un observateur, d'une conscience. Toutes les formes apparaissant dans mon champ de perception, interne ou externe, sont changeantes tandis que le Témoin est toujours présent. Ce que je suis vraiment est ce qui est tout le temps présent, c'est-à-dire une conscience témoin observant les formes qui se présentent à elle.

EXERCICE

Arrêtez la lecture pour aujourd'hui. Poursuivez normalement vos activités et constatez régulièrement que vous êtes bel et bien toujours présent en tant que Témoin, en tant qu'observateur, tandis que les formes vont et viennent dans votre champ de perception.

Cette découverte vous semble finalement évidente et pourtant, elle a d'immenses implications.

À retenir... À retenir...

Les formes externes et internes
vont et viennent, apparaissent
puis disparaissent.

Le Témoin qui observe
ces formes changeantes
est toujours présent.

Des illusions disparaissent

Lorsque vous êtes en train de méditer, les yeux fermés, vous conviendrez que vous êtes bien là, que vous existez et qu'il ne manque rien pour que vous existiez à ce moment-là. Votre véritable nature, ce que vous êtes vraiment, est donc bien là, présent lorsque vous méditez ainsi. C'est évident, mais gardons bien ce point en tête.

Suis-je le corps physique ?

Beaucoup d'entre nous vivent dans l'idée qu'ils sont leur corps physique.
Voyons ce qu'il en est en oubliant toute idée préconçue.
Quand vous êtes en méditation, les yeux fermés, en train de pratiquer l'Observation Intérieure, vous êtes bel et bien présent en tant que Témoin, mais où est votre corps physique ?

Tout au plus, vous sentez de temps en temps quelques sensations physiques et parfois même toute sensation physique disparaît. Alors, ce n'est que grâce à votre souvenir que vous vous rappelez avoir un corps physique. Certes, vous pouvez ressentir des sensations, mais c'est votre souvenir qui vous les fait qualifier de sensations physiques, associées à un corps physique. Dans l'instant, sans pensée ni mémoire, une sensation apparaît, mais aucun corps n'existe pour vous en lien avec cette sensation.

Le corps physique n'est alors qu'une pensée, une image apparaissant dans votre tête. Pour vous, pendant votre méditation, le corps physique n'a aucune autre réalité hormis cette image virtuelle que vous en créez dans votre pensée.
La vérité est que, pour vous, dans votre expérience, le corps physique n'est qu'une construction mentale.

Ce qui est réel, c'est ce que vous vivez. Ce que vous imaginez à travers la pensée n'existe pour vous qu'en tant que pensée. De toute évidence, le Témoin que vous êtes vraiment est toujours présent tandis que le corps physique n'est qu'une

pensée, une image. Bien sûr, ce que vous êtes vraiment est le Témoin. Si l'on fait vraiment cette expérience, en la répétant autant de fois que nécessaire, on acquiert la conviction que le corps physique est une illusion apparaissant uniquement en tant que pensée dans notre tête. Ce n'est qu'une pensée apparaissant devant le Témoin que nous sommes.

EXERCICE

Installez-vous seul dans une pièce fermée. Tirez les rideaux. Asseyez-vous et fermez les yeux.

Savez-vous qu'à ce moment précis, la forme visuelle de votre corps telle que vous la concevez grâce à votre mémoire n'a absolument aucune existence dans tout l'univers ? À ce moment précis, votre corps n'a aucune forme existante. Puisque personne ne voit votre corps, la perception de votre corps en tant que forme visuelle n'existe nulle part dans tout l'univers. Votre corps n'a alors pas de forme visuelle.

En vérité, à ce moment-là, le corps physique tel que nous le concevons dans notre image mentale n'existe pas. Pendant ce temps-là, nous sommes bien présents, au cœur de notre méditation. Comment pourrions-nous être quelque chose qui n'existe pas ?

Pour beaucoup d'entre nous, cette réalisation, issue de l'expérience directe, peut constituer une véritable révolution. Ne passez pas à côté sous prétexte que cela vous semble trop simple ou trop invraisemblable. Ce qui est dit ici n'est pas un simple jeu intellectuel ou quelque chose d'amusant. C'est vrai.

Suis-je ma personnalité ?

Au moment où vous êtes assis en méditation, les yeux fermés, simplement en train de suivre le fil de votre respiration, supposez que pendant quelques secondes vous parveniez à suivre les sensations liées à votre respiration sans avoir de pensées ou d'autres sensations ; c'est tout à fait accessible avec un tout petit peu de pratique. Pendant ce moment, vous êtes toujours présent en tant que Témoin. La seule chose qui existe pour vous est ce Témoin et cette sensation liée à la respiration.

Où est votre personnalité à ce moment-là ? Nulle part. Elle n'existe pas. Elle n'a absolument aucune existence pendant ce moment-là, nulle part dans tout l'univers. Bien évidemment, à ce moment-là, vous existez, vous n'êtes pas quelque chose qui n'existe pas.

Ainsi, nous ne sommes pas notre personnalité.
Tout comme le corps physique, celle-ci n'est qu'un concept. En nous, seules existent des émotions, des sensations, des pensées changeantes. De cela, nous inventons un concept de « personnalité » qui serait à la base de tous ces phénomènes. La vérité est que ce concept n'a aucune existence réelle pour nous et nous ne sommes bien sûr pas cela.

Suis-je Moi ?

La plupart d'entre nous pensent être « Moi ».
Lorsque l'on demande à quelqu'un de décrire ce « Moi » qu'il pense être, il commence souvent par être bien embarrassé avant de répondre.
Selon les personnes, il décrit ensuite « Moi » en décrivant son nom, son corps physique, sa fonction sociale, professionnelle, familiale, ou encore sa personnalité, ses goûts, ses aversions, son passé, et c'est à peu près tout.

En réalité « Moi » est un concept confus reposant sur tout un ensemble de choses qui n'ont rien à voir avec notre nature véritable. Si « je suis Moi », alors Moi doit être présent aussi pendant ma méditation les yeux fermés. Comme nous l'avons vu, pendant ce moment-là, mon corps physique n'a aucune existence, ma personnalité n'a aucune existence, bien sûr mes fonctions sociales, familiales, professionnelles n'ont aucune existence, mes goûts et mes aversions n'ont aucune existence, mon passé n'a aucune existence. Bref, tout ce qui compose ce concept confus qu'est « Moi » n'a aucune existence.

Donc « Moi » n'a aucune existence à ce moment-là et je ne peux donc pas être « Moi ».

Je suis la Conscience Témoin capable d'observer toutes sortes de phénomènes, que je peux assembler mentalement pour former le concept virtuel « Moi ».

Suis-je une âme ?

Si l'on appelle « âme » tout ce qui compose notre personnalité, notre psychologie, toute notre énergie subtile, alors nous ne sommes pas non plus une âme. Ainsi utilisé, le terme « âme », tout comme le « Moi » ou notre personnalité n'est qu'un concept sans existence véritable. En méditant les yeux fermés, en ayant simplement dans son champ de conscience le va-et-vient de la respiration, seuls sont présents le Témoin et les quelques sensations liées au mouvement de la respiration. Toutes nos caractéristiques individuelles, que l'on associe au terme « âme », n'existent tout simplement pas à ce moment-là. L'âme ne peut donc pas être notre véritable nature. Tout comme le « Moi », l'âme individuelle est un concept virtuel, issu de l'assemblage mental d'un ensemble de phénomènes observés par le Témoin.

Ai-je une forme quelconque ?

Après un minimum de pratique de la méditation, on constate très aisément qu'aucune forme n'est présente en nous en permanence. Or nous sommes toujours présents en tant que Témoin. Ainsi, nous sommes sans forme. De plus, si nous pensons être une forme, il suffit d'observer cette forme pour se rendre compte que nous sommes l'observateur de cette forme et non cette forme. Notre nature véritable, celle du Témoin, n'a pas de forme.

Arrêtez-vous quelques instants dans votre lecture. Prenez le temps de relire les différents points de ce chapitre. Vérifiez vous-même les raisonnements, faites les expériences et Constatez.

Qui est vraiment le Témoin ?

Voici donc notre compréhension pour l'instant : ma nature véritable est celle d'un témoin, d'un observateur, d'une conscience, qui n'a aucune forme et qui peut observer toutes les formes changeantes se présentant à lui.

Pour aller encore plus loin et découvrir ce qu'est vraiment le Témoin, nous allons pénétrer maintenant dans le domaine plus avancé de la méditation. Pour bien saisir ce qui va suivre dans ce petit chapitre, il est plus aisé d'avoir déjà bien progressé dans la pratique de la méditation ou bien d'être prêt à utiliser avec finesse votre intelligence. Prêt ? Allons-y.

Un espace vide ?

En adoptant la position du Témoin dans nos méditations, nous pourrons nous diriger très profondément en nous-mêmes jusqu'à parvenir dans le domaine où les formes deviennent de plus en plus ténues, de plus en plus subtiles, jusqu'à parvenir à ce qui nous apparaît comme un profond silence, une profonde immobilité, un espace vide. Ici, la vie semble ne plus se manifester.

Précisons que ce domaine profond est accessible à mesure que nous progressons dans une pratique régulière et engagée. Avec le temps, nous devenons de plus en plus paisibles et ce qui monte dans nos méditations devient de plus en plus subtil, de plus en plus fin, jusqu'à laisser apparaître cette absence de forme au fond de nous.

Les formes semblent laisser ici la place à l'absence de forme. Ici, pas de son, que le silence. Ici, pas de mouvement, que l'immobilité. Ici, un espace parfaitement vide. Lorsqu'il commence à pressentir cet espace vide, silencieux et immobile, le méditant est invité à se diriger vers lui. Cet espace semble alors constituer le fond de l'Être, le Témoin serait en fait cet espace vide, mais conscient et capable d'accueillir en lui les formes qui apparaissent.

En réalité, il n'en est rien et il s'agit encore là de subtiles illusions.
En se stabilisant dans cette profondeur où les formes deviennent de plus en plus ténues, de plus en plus subtiles, vient un moment où le méditant se trouve absorbé au-delà du vide. Avant de parler de cet au-delà du vide, nous allons commencer par comprendre intellectuellement que ce vide est bel et bien une illusion, un simple concept mental et qu'il n'a aucune existence réelle.

Au-delà du vide

Le vide se définit par l'absence de forme, le silence se définit par l'absence de son, l'immobilité se définit par l'absence de mouvement.

Quand une forme est absente, l'absence de cette forme correspond juste à un concept et n'existe pas en tant qu'absence, la forme en question n'existe tout simplement pas. Si une forme n'existe pas, si elle a totalement disparu, ni elle ni son absence n'existent.

C'est le souvenir de la forme qui nous fait dire qu'elle est absente.

Ainsi, lorsque le méditant pense qu'il est un vide, silencieux et immobile, il n'a pas encore réellement oublié les formes et le mouvement, ils persistent encore en lui sous formes très subtiles. Si les formes avaient réellement complètement disparu en lui, il ne pourrait même pas faire émerger l'idée de leur absence, et les concepts de vide, de silence ou d'immobilité n'apparaîtraient même pas.

Prenons un exemple pour essayer de mieux comprendre ce point. Supposons que vous soyez allongé au sommet d'une montagne et que vous regardiez le ciel étoilé. Supposons qu'il n'y ait plus que le ciel étoilé dans votre champ de conscience. Supposez maintenant que les étoiles se mettent à disparaître une à une dans le ciel jusqu'à ce qu'il n'en reste plus qu'une. Puis, cette étoile disparaît aussi. Alors, il n'y a plus rien à voir, il n'y a plus aucune impression rétinienne dans les yeux.
À ce moment-là, vous vous exclamez : « Oh, l'espace est vide, je vois un ciel vide. » En vérité, pour vos yeux, il n'y a pas d'espace vide, pas de ciel vide. Lorsqu'il n'y a plus rien à voir, vos yeux ne voient pas, il est faux de dire qu'ils voient « rien ».

C'est une invention conceptuelle dans notre tête qui nous fait dire « je vois un espace vide ». En fait, notre pensée invente un espace vide, un ciel vide. Bien qu'il n'y ait plus rien à voir, nous nous souvenons qu'il y avait auparavant des étoiles dans l'espace. Ce souvenir encore présent en nous fait que nous maintenons dans notre tête le concept d'espace vide devant nous.

Supposons qu'un peu de temps se passe et que vous oubliiez même l'existence passée des étoiles et du ciel, plus aucun souvenir n'en subsiste alors en vous. Vous vous retrouvez donc dans la même situation qu'une personne qui n'aurait jamais rien vu avant. À ce moment-là, le concept d'espace vide disparaît aussi, il ne subsistait que tant que subsistait le souvenir des formes dans le ciel.

Alors, pour vous, dans votre champ de perception, il n'y a ni vision ni souvenir des formes visuelles, il n'y a même plus d'espace, plus de ciel noir, il n'y a pas de vide. Ainsi le vide n'apparaît que tant que subsiste le souvenir des formes.

EXERCICE

Installez-vous pour méditer dans une pièce sombre et fermez les yeux. Comme la paupière recouvre l'œil, rien n'est vu. Suivez avec vigilance le va-et-vient de votre respiration au niveau du ventre. Au bout de quelques minutes, constatez que le sens externe de la vue est oublié. Quand il est ainsi oublié et que vous suivez simplement le va-et-vient de votre respiration, de toute évidence, constatez que vous ne percevez pas un vide visuel en même temps. Lorsque la vue et les formes visuelles sont oubliées, constatez que le vide visuel n'existe pas. De la même façon, vous pouvez vérifier que la disparition et l'oubli de n'importe quel sens de perception et des formes qui lui sont associées ne laissent pas place à un vide.

Pour le méditant, le souvenir des formes constitue en fait des formes très subtiles. Une fois que les formes sont totalement inexistantes, le vide est aussi inexistant.

En vérité, le vide n'est qu'une invention conceptuelle sans existence réelle.

Avant le Big Bang, pour les scientifiques qui étudient la naissance de l'univers, il n'y a ni temps ni espace, pas de dimensions et pas de vide. L'espace et le temps apparaissent en même temps que les formes. Le méditant peut vivre cela.

L'inexistence du vide, de l'absence de forme, est relativement subtile à comprendre. Ne vous en faites pas si cela semble vous échapper pour l'instant. Vous pourrez y revenir un jour ou l'autre. De plus, n'oublions pas que le but final de tout cela n'est pas de comprendre que le vide n'existe pas, mais d'expérimenter, de vivre, d'Être ce qu'il y a au-delà du vide. La compréhension n'est ici qu'une aide.

Ainsi, lorsque même les formes les plus subtiles disparaissent, l'illusion du vide disparaît aussi.

Lorsque l'illusion du vide se dissipe à son tour, les sages et les maîtres indiquent que le Témoin réalise alors son identité véritable qui est Conscience Pure. Le fondement de l'Être, la véritable nature du Témoin est Pure Existence, Pure Conscience, au-delà de toute forme, au-delà du vide illusoire. Le méditant réalise que ce socle fondamental, cette Pure Conscience, cette Pure Existence est toujours présente, que des formes apparaissent ou non.

Avant de poursuivre plus avant dans notre ascension, recadrons ensemble la place et le rôle de l'étape du vide dans notre cheminement.

L'esprit, l'âme et le corps

Dans le langage religieux chrétien, et dans nombre de traditions, on décrit l'Être humain comme étant composé d'un esprit, d'une âme et d'un corps. Le corps désigne le corps physique, apparemment composé de matière. L'âme désigne l'énergie subtile qui nous anime. Par définition, l'âme est ce qui anime notre corps, tout comme l'énergie est ce qui anime la matière. L'énergie subtile en nous inclut les pensées, les émotions et toutes les énergies subtiles qui nous habitent. L'âme inclut donc tout ce qui compose notre psychisme. L'ensemble de nos caractéristiques individuelles qui animent le corps constitue l'âme. L'esprit est au-delà de l'âme. C'est la Pure Conscience, le Témoin qui éclaire l'âme et le corps de sa présence. Le corps et l'âme sont individuels, mais l'esprit est impersonnel, au-delà de toute forme, unique et identique pour tous les êtres. L'Esprit est le socle de l'Être, sa fondation sans laquelle rien n'existe. L'Esprit est synonyme de Conscience Pure ou Existence Pure. Le mot « spirituel » fait donc référence à ce qui touche au domaine de « l'Esprit ».

Le vide : une étape utile

Bien que le vide et l'absence de forme n'existent pas en réalité, d'un point de vue pratique, le méditant sera souvent invité à se diriger en lui-même vers « un espace intérieur », « vide de forme, silencieux, immobile », « un espace d'accueil pour les formes apparaissant en lui ». Cette étape est judicieuse. Le but de celle-ci est d'amener le méditant à se diriger vers le Témoin, en diminuant peu à peu la fascination exercée par les formes.

Au début, le méditant ne connaît que les formes. Pour qu'il puisse découvrir la Conscience Pure qui se cache au-delà des formes, il faut d'abord que le méditant ait un point de repère intermédiaire qui lui soit compréhensible, et c'est l'absence de forme qui va jouer ce rôle. Pour amener le méditant au-delà des formes, on introduit donc d'abord l'absence de forme. Lorsque le méditant ancre fermement sa méditation dans cette absence de forme vient un moment où il se trouve spontanément absorbé au-delà des formes, dans la Conscience Pure.

En décrivant le Témoin comme un espace d'accueil, conscient, vide, silencieux et immobile, le méditant se rapproche de ce qu'est vraiment le Témoin.
Alors, les formes disparaissent peu à peu de la méditation. Lorsqu'elles disparaissent totalement, le vide, l'espace d'accueil silencieux et immobile disparaît avec elles et reste simplement la Conscience Pure, qui est la véritable nature du Témoin.

Il est important de redonner sa juste place au vide le long du chemin du méditant.

Certaines personnes sont parfois effrayées par des descriptions de la méditation faisant référence à un vide intérieur. Cette approche négative, si elle est mal expliquée, peut apparaître terne voire triste pour certains. En réalité, le niveau le plus profond de l'Être est vide de formes, mais non absolument vide.
Ce qui signifie que le niveau le plus profond n'a aucune forme, mais pourtant il existe pleinement, au-delà de toute notion de forme et de vide ;
il est la Conscience Pure, l'Existence Pure au-delà de toute forme.

9, 8, 7, 6, 5, 4, 3, 2, 1, puis 0. Mais 0 est encore un chiffre et appartient au monde des chiffres. Au-delà, pas de chiffre, mais existe toujours ce qui permet l'apparition des chiffres.

À retenir... À retenir...

Quand les formes
se font de plus en plus rares
dans la méditation,
un vide intérieur
semble apparaître.

Le vide est une illusion
et n'a aucune existence,
il n'apparaît que tant que subsistent
des formes ou leur souvenir
qui sont aussi des formes mentales.

Lorsque les formes
disparaissent tout à fait,
le vide disparaît aussi et le méditant
est absorbé dans la Pure Conscience,
le Pur Témoin, la Pure Existence,
au-delà de toute forme.

Au-delà du Témoin

Le Témoin est donc Pure Conscience, Pure Existence, au-delà des formes et du vide illusoire. Le méditant réalise qu'est toujours présent en lui ce Témoin, que des formes apparaissent ou non, et il pense alors avoir trouvé sa véritable nature : « Je suis le Témoin qui est Pure Conscience, Pure Existence. »

Le méditant peut alors être tenté de penser que les formes qui vont et viennent sont comme un spectacle alors que lui est uniquement le Spectateur, au-delà du spectacle : « Je suis la Pure Conscience et j'observe toutes ces formes changeantes qui ne sont pas ma véritable identité. » En réalité, le méditant baigne encore dans l'illusion.

Nous allons découvrir ensemble que la vérité se trouve encore au-delà.

EXERCICE

Installez-vous dans votre posture assise et fermez les yeux.

Choisissez un son de votre environnement et écoutez-le.
Après un moment, posez-vous la question : « Quelle distance y a-t-il entre le son et moi qui suit la Pure Conscience ? Quelle séparation existe entre la Pure Conscience que je suis et ce son ? »

Prenez le temps d'expérimenter et d'examiner la question.

La réponse est claire et même un enfant pourrait le constater, il n'y a pas de distance entre le son et la conscience, pas de séparation. Il n'y a pas d'un côté la conscience et de l'autre le son. En réalité, la conscience et le son sont unis. Vous pouvez faire cette expérience avec n'importe quel sens externe ou n'importe quelle forme intérieure, vous constaterez que la Conscience et les formes ne sont pas séparées, mais unies.

Au-delà de l'Observation

Alors, le méditant parvient à l'ultime limite de l'Observation et réalise que l'Observation elle-même est une illusion, un concept. La notion d'Observation qui présuppose un Observateur observant un objet d'Observation n'a en fait aucune existence réelle.

Ici, le méditant quitte l'Observation et rentre dans le domaine de l'Être. En réalité, la Pure Conscience n'observe pas le monde et les formes. Le monde et les formes sont l'expression de la Pure Conscience. Le monde et les formes sont la surface changeante de la Pure Conscience. Le monde et les formes sont faits de la Pure Conscience.

En fait, le terme de « Conscience » est encore trop associé à la notion d'Observation, et le terme le plus approprié est bien celui d'Existence, d'Être. Ce que l'on appelait Pure Conscience au-delà des formes est en fait Pure Existence, au-delà des formes. Lorsque les formes apparaissent, elles sont faites de cette Pure Existence. Une forme n'est rien d'autre que Pure Existence. La Pure Existence prend forme.

Une bague en or a la forme d'une bague, mais n'est rien d'autre que de l'or. La forme de la bague n'a aucune existence en dehors de l'or.

Libre de toute illusion

Ainsi, le méditant réalise qu'il est l'Être, la Pure Existence, prenant des formes changeantes qui sont son expression. Toutes les formes qui apparaissent en lui sont en fait des formes prises par la Pure Existence. Il réalise que tout ce monde de formes, tout cet univers, toute cette création est l'expression, la surface, de la Pure Existence, faite de Pure Existence.

L'acteur et ses personnages

Imaginez un acteur sur scène au théâtre, jouant successivement plusieurs personnages. C'est toujours le même acteur qui se cache derrière chaque personnage et pourtant le spectateur dans la salle est pris par l'illusion du personnage. Le spectateur voit le personnage et finit par oublier l'acteur. Mais en réalité, le personnage n'a aucune existence en dehors de l'existence de l'acteur. Le personnage n'existe pas par lui-même. Croire que le personnage existe indépendamment de l'acteur est une illusion. Lorsque l'acteur cesse de jouer ce personnage, le personnage disparaît, mais l'acteur demeure. L'acteur est comme la Pure Existence et les personnages sont comme les formes prises par la Pure Existence. La Pure Existence existe toujours et prend des formes qui sont en réalité faites de Pure Existence, elles n'ont aucune existence en dehors de cette Pure Existence.
Le méditant est appelé à se réveiller de l'illusion qui consiste à croire que les personnages existent par eux-mêmes, il est appelé à découvrir l'acteur unique qui joue tous ces personnages. Merveille des merveilles, l'acteur est Unique.

Un homme costumé est sur scène, celui qui y voit un personnage est dans l'illusion du théâtre, celui qui y voit l'acteur connaît la réalité.

Alors le méditant peut être tenté de penser : « Je suis l'Être, la Pure Existence prenant des formes changeantes. »

Il ne reste alors plus qu'un tout petit fil à couper pour enfin être libre de toute illusion. Dire « Je suis l'Être » peut encore cacher une très subtile distinction entre « Je » et « l'Être ». Si « Je » est en fait « l'Être », seul existe l'Être.
Si ceci est parfaitement assimilé, la pensée « Je » est superflue et disparaît.

Alors, seul demeure l'Être, libre de toute illusion.

À retenir...

En réalité,
la Conscience Pure
n'est pas séparée
des formes.

Les formes
sont l'expression,
la surface changeante de la
Conscience Pure et sont faites
de Conscience Pure.

La Conscience
Pure est Existence
Pure.

Le méditant réalise
que sa véritable
identité est l'Existence Pure,
prenant des formes
changeantes.

La pensée « Je »
se dissout alors,
seul demeure l'Être.

Une nouvelle vision du monde

Alors qu'il pensait être un petit corps physique perdu dans un monde étranger, le méditant réalise que toutes ses idées concernant sa véritable identité étaient entièrement fausses, qu'elles étaient comme un rêve, une illusion dont il se serait enfin réveillé. Une nouvelle vision de lui-même et du monde s'installe alors progressivement en lui.

Le méditant a découvert qu'en tant qu'individu, il est une forme prise par l'Existence. Le méditant découvre également que toutes les apparences individuelles des êtres de l'univers sont aussi des formes prises par cette même Existence.

Toutes les formes de l'univers sont changeantes, mais sont l'expression d'une même Pure Existence, qui demeure toujours, qu'il y ait ou non des formes. Partout, toujours, depuis toujours et pour toujours, et au-delà du temps et de l'espace, le méditant a réalisé que seul existe l'Être, l'Existence.

Au début, il y a moi et les autres.
Un jour, je peux découvrir que l'Existence Pure est ma véritable identité et aussi la véritable identité de tous les autres. Le fondement de mon Être est aussi le fondement de tous les Êtres, unique.
Si je suis ce fondement, je suis le fondement de moi et de tous les autres. Si l'autre est ce fondement, il est le fondement de moi.
Puis, toute notion de « je » et d' « autre » disparaît, seule demeure l'Existence.

La compréhension intellectuelle ne suffit pas

En pratiquant un peu la méditation et en rassemblant son intelligence, on peut parvenir à cette compréhension. Certes le choc de cette compréhension ou de ces compréhensions successives peut radicalement changer les choses dans notre vie. Néanmoins, l'expérience montre qu'une simple compréhension intellectuelle, même limpide, ne suffit pas à libérer définitivement le méditant. Il est indispensable de mener à son terme le travail d'épanouissement intérieur, de libération des émotions comprimées, pour qu'enfin le méditant réalise dans tout son Être, et pas seulement dans sa tête, l'ultime Vérité.

Imaginons quelqu'un de très intelligent, mais chez qui les émotions comprimées et les tensions internes resteraient très nombreuses, il est possible qu'il comprenne intellectuellement l'Unité de l'Être, de tous les Êtres. Néanmoins, il ne pourra pas goûter aux fruits que peut générer en lui une telle compréhension.

Pour comprendre ce point, reprenons l'histoire du Roi perdu dans la forêt : supposons que le Roi soit en fait resté vingt ans dans la forêt avant enfin de se souvenir de sa véritable identité. Dans la forêt, croyant qu'il était un pauvre errant, il a pris de nombreuses habitudes qui se sont profondément ancrées en lui.

Une fois revenu au palais, bien qu'il sache qu'il est le Roi, il n'arrive pas à se défaire de ses vieilles habitudes prises dans la forêt : il dort dans un coin de sa chambre en se cachant derrière des bouts de bois au lieu de dormir dans son lit royal, il refuse de partager sa richesse de peur de manquer comme dans la forêt, il est sur ses gardes et se croit toujours en danger. Ainsi, la force des habitudes peut limiter la compréhension concernant notre véritable identité à une simple compréhension intellectuelle, sans véritable effet sur notre vie.

La connaissance et l'épanouissement de l'Être

Bien heureusement, pour un méditant, une telle compréhension intervient dans le cadre d'un processus complet visant la connaissance ET l'épanouissement de l'Être. Ainsi, la compréhension va de pair avec une détente intérieure, une profonde ouverture. Le tout est capable de mener un Être au sommet de sa Réalisation. Alors, la connaissance de l'Unité de l'Existence et le rayonnement de l'Être pleinement épanoui s'accompagnent d'un merveilleux cortège : félicité et paix permanentes, amour inconditionnel, plénitude absolue.

Celui qui a pleinement réalisé l'Unité de l'Existence voit l'Existence en tout et en tous. L'amour jaillit spontanément de son Cœur comme l'amour jaillit du cœur d'une mère pour son enfant. Il est éternellement en Paix, heureux, au-delà de la peur, des émotions, au-delà du corps physique, au-delà de la souffrance, au-delà de la mort.

Ici, l'Existence s'exprime dans toute sa splendeur.
Voilà l'aboutissement ultime de la méditation.

Voilà la perspective qui anime notre pratique. Une bonne compréhension du chemin et de son but est utile et c'est la raison de ce dernier chapitre. Mais il faut incarner cette compréhension, il faut que notre pratique continue à calmer notre mental, à purifier notre Cœur, à libérer les chaînes du passé qui nous entravent. C'est ainsi que nous cheminerons vers notre bonheur et que nous contribuerons à celui de tous.

À retenir... À retenir...

La compréhension
est très utile, mais elle
n'est pas suffisante.

La méditation
développe la connaissance et
l'épanouissement
de l'Être. Alors, une transformation
complète devient possible.

Et Dieu dans tout ça ?

Bien sûr, la méditation est compatible avec sans doute presque tout chemin spirituel ou religieux. Certains d'entre nous sont des fidèles d'une religion et peuvent s'interroger : « D'accord, ça a l'air très intéressant tout ça, mais Dieu, il est où dans tout ça ? »

Voici une petite scène de vie, assez classique :

Au moment du dessert, dans un dîner mondain, un monsieur allume son cigare en s'adossant à sa chaise et dit : « De toute façon, moi je ne crois pas en Dieu alors... » Alors tous les convives se mettent à donner leur avis : « Si, moi j'y crois », « Moi, j'y crois à moitié », un autre dit « Moi, je crois qu'il existe une force supérieure, mais je ne crois pas en Dieu », encore un autre dit « Moi, je n'y crois pas, Dieu est une invention pour manipuler le peuple », etc.

Ainsi, tout le monde donne son avis. Mais avant de discuter, ne serait-il pas préférable de définir ce qu'on appelle Dieu ? Aussi incroyable que cela puisse paraître, beaucoup de gens donnent leur avis sur Dieu sans pouvoir définir ce dont ils sont en train de parler.

Il existe une définition, reçue de Moïse, prophète reconnu par les trois grandes religions monothéistes : le christianisme, l'islam et le judaïsme. Dans le fameux épisode du Buisson ardent, retranscrit dans la Bible et même dans la fameuse version cinématographique des Dix Commandements, Moïse s'approche pieds nus du Buisson ardent qui représente Dieu et lui demande : « Quel est ton nom ? » La réponse : « Je suis ce qui est. »

Dieu est l'Existence, la totalité de l'Existence, qui est par définition « ce qui est ».

La véritable question est ensuite : « Qu'est-ce que l'Existence ? » Et là, il peut éventuellement y avoir un débat, des opinions différentes. Mais en vérité, il est complètement absurde de dire « Je ne crois pas en l'existence de Dieu ». Dieu, c'est justement l'Existence dans sa totalité. Nier l'existence de Dieu, c'est donc nier que quoi que ce soit existe et c'est bien évidemment absurde. La vraie question n'est donc pas de savoir si Dieu existe ou non, mais de savoir qui il est, c'est-à-dire qu'est-ce que l'Existence ?

En respectant cette définition du mot Dieu, la méditation est une formidable aventure en quête de Dieu, où le méditant finit par se fondre en lui. Bien sûr, s'ils ont rejoint Dieu de leur vivant, un cheikh musulman, un rabbin juif ou un moine chrétien sont en parfaite communion avec un méditant ayant lui aussi rejoint Dieu.

Il n'y a pas deux Existences, il n'y a qu'une Existence, et donc par définition, il n'y a qu'un seul Dieu et de nombreux chemins qui mènent à lui.

La progression, l'éveil, la réalisation

Du fardeau des pensées parasites jusqu'à la réalisation ultime de l'Être, tout un cheminement s'offre à nous. Grâce à la Concentration, puis à l'Observation, adossées à la compréhension, le méditant se connaît de mieux en mieux et s'épanouit de plus en plus.

Une progression a lieu, amenant plus de vigilance et de sérénité au fil du temps. Il s'agit là d'un processus graduel qui est le fruit de notre pratique.

Un jour ou l'autre, le long de notre cheminement, une ou plusieurs expériences particulièrement fortes peuvent survenir. Une telle expérience est comme un point de rupture où ce qui est vécu vient nous sortir de notre illusion pour nous amener plus près de la réalité, de la vérité. C'est comme le réveil d'une personne qui était en train de rêver et qui tout d'un coup revient à l'état de veille. On désigne souvent par « éveil » une telle expérience, mais il se cache en fait sous ce terme de nombreuses expériences différentes.

On peut désigner par « éveil » une forte expérience où le méditant réalise subitement qu'il est le Témoin, l'observateur et non l'ensemble de ses caractéristiques individuelles. Pour autant, cet éveil n'est pas l'aboutissement du chemin de la méditation. C'est une étape importante, mais qui devra être suivie d'autres étapes et d'une intégration de cette nouvelle compréhension.

On peut aussi désigner par « éveil » la forte expérience qui consiste en l'absorption consciente dans la Conscience Pure, l'Existence Pure. Le méditant est alors entièrement absorbé en son Être, au-delà de toute forme et au-delà du vide illusoire. Absolument aucune forme n'est perçue et pourtant le méditant existe. Ni espace ni temps, et le méditant est alors la Conscience Pure, l'Existence Pure. Les sages parlent de cet état comme d'un état de paix ineffable, de béatitude au-delà de toute forme. Cet état ne dure qu'un temps puis la Conscience prend à nouveau des formes. Cette expérience d'éveil peut bouleverser notre vision du monde et de nous-mêmes, elle peut aussi constituer un puissant stimulant sur notre chemin, mais elle n'est pas en soi la Réalisation Ultime. Un travail d'intégration et d'épanouissement intérieur reste en général à faire avant de parvenir à l'Ultime Réalisation.

Existent aussi toutes sortes d'expériences intérieures particulièrement intenses que le méditant peut vivre. Lorsqu'une telle expérience se produit spontanément, elle peut signaler un déblocage intérieur, un franchissement de cap, elle peut aussi être utile en elle-même pour dissiper certaines illusions ou éclairer notre compréhension. Néanmoins, il est déconseillé de rechercher volontairement ce type d'expériences. S'accrocher à des manifestations spectaculaires en nous, c'est s'attacher au spectacle et s'égarer du chemin qui mène au cœur du Spectateur. En général, il est exagéré d'appeler « éveils » de telles expériences.

Ce que nous appelons « éveil » est souvent une expérience temporaire, aussi forte soit-elle. Parfois, le terme « éveil » est aussi utilisé pour désigner une réalisation définitive. Il est alors plus approprié d'utiliser le terme de Réalisation, qui décrit un état stable et durable dans le temps plutôt qu'une expérience temporaire. Lorsque le méditant parvient à la Réalisation, aucune illusion n'est plus à même d'ébranler sa paix intérieure. Qu'il vive au sein des formes ou qu'il expérimente l'Existence Pure au-delà des formes, les sages indiquent que l'Être réalisé est établi dans une même paix ineffable. Plus rien ne demeure refoulé en lui qui puisse le déstabiliser à l'avenir. Établi dans l'Unité de l'Existence, connaissant l'Existence dans sa profondeur et rayonnant l'amour et la paix, l'Être réalisé EST.

La joie du chemin

Nous voilà parvenus au terme de ce livre.
Le chemin de la méditation est grand ouvert devant vous. Vous avez maintenant une idée beaucoup plus claire de comment pratiquer la méditation et de la direction dans laquelle vous allez en empruntant ce chemin. Tant de bienfaits, tant de bonheur, tant d'aventures passionnantes attendent le méditant.

La force de vie, qui jaillit du cœur de l'Existence, pousse le bourgeon à fleurir, pousse l'arbre à donner des fruits, et pousse l'Être humain à grandir, à mûrir, à s'épanouir. Donnez-vous la chance d'être porté et transformé par cette force de vie. La méditation est à coup sûr un moyen très précieux pour que la vie grandisse en nous, pour qu'elle nous rende de plus en plus vaste, de plus en plus heureux.

Certes, les expériences d'éveil et l'Ultime Réalisation de l'Être constituent une perspective attrayante, mais certains se disent que ce n'est pas pour eux, qu'ils n'y parviendront jamais et qu'en conséquence, il est inutile de méditer. Premièrement, le but ultime du chemin n'est jamais très éloigné pour une personne vraiment motivée. En la matière, tout est possible. Deuxièmement, chaque étape que franchit le méditant lui rend la vie un peu plus belle, plus paisible, plus heureuse. Chaque pas en avant est un pas vers le bonheur.
Pour quelqu'un qui est accablé par les pensées parasites, quel bonheur que de se retrouver libre de telles pensées.
Pour quelqu'un qui se sent constamment déstabilisé par des émotions, quel bonheur de se retrouver plus paisible.
Pour quelqu'un qui se sent déprimé par une vision matérialiste de l'Existence, qui se croit être un corps physique voué à la destruction, quel bonheur de découvrir que se cache au fond de son Être la source de toute l'Existence, la source éternelle de toute Vie.
Pour quelqu'un qui se sent seul et séparé des autres, quel bonheur de découvrir l'Unité fondamentale qui nous réunit tous.

Pour quelqu'un dont le Cœur est meurtri, blessé par tant de peines, quel bonheur de voir peu à peu ce Cœur reprendre vie, se remettre à aimer la vie, les autres, de plus en plus intensément.
Que de bonheurs attendent le méditant. La méditation n'est donc pas une discipline du tout ou rien : soit la souffrance, soit la Réalisation, non ce n'est pas cela. C'est une discipline qui nous rend de plus en plus heureux. N'oubliez pas, pratiquer la méditation contribuera aussi à rendre plus heureux vos enfants, vos proches, votre entourage, les personnes que vous croisez dans la journée.

Soyez habile dans votre cheminement, mettez en place une pratique régulière, recherchez des aides efficaces, organisez intelligemment votre vie pour permettre à votre pratique de grandir.

Méditer est tellement précieux.

Puissiez-vous trouver le bonheur et la paix. Puisse la Méditation vous y aider.

Merci à Arnaud Desjardins,
Merci à Amma – Mata Amritanandamayi,

Merci à Natacha de Miranda.

Cet ouvrage a été achevé d'imprimer en mai 2008
dans les ateliers de Normandie Roto Impression s.a.s.
61250 Lonrai (Orne)
N° d'impression : 081609

Imprimé en France